普通高等教育经济管理类专业系列教材

广告策划创新实务

刘世忠　编著

机械工业出版社

本书以广告策划的工作流程为顺序分成十个"模块",分别是市场分析、产品分析、竞争对手分析、目标受众的选择、广告受众分析、产品的卖点、广告定位、广告主题、广告创意表现、媒体策略。每个"模块"用大广赛的比赛项目"JUNPING（俊平）洁面慕斯"当作实操案例,把相关的理论知识与实践知识有机结合,使广告策划更符合企业工作岗位的需求。每个模块就是一章,每章都是按照"是什么""为什么""怎么做"和"用什么方法"的逻辑来推进,章后有对应的实践练习。这十章加上"广告策划概述"和"广告策划书"构成了本书的整体知识框架。

本书可作为高校广告学、市场营销、经济学、管理学、艺术设计、传播学等专业的教材,也可作为相关教师、学生,以及企业中高层主管、经理等学习广告策划的参考书籍。全书理论联系实际,语言诙谐幽默,使读者在快乐中领略项目操作的乐趣。

本书提供教学视频,有需要的任课教师可以向作者索取,邮箱:25258220@qq.com。

图书在版编目（CIP）数据

广告策划创新实务／刘世忠编著. —北京：机械工业出版社，2023.8（2025.1重印）
普通高等教育经济管理类专业系列教材
ISBN 978-7-111-73574-8

Ⅰ.①广… Ⅱ.①刘… Ⅲ.①广告-策划-高等学校-教材 Ⅳ.①F713.81

中国国家版本馆CIP数据核字（2023）第137237号

机械工业出版社（北京市百万庄大街22号 邮政编码100037）
策划编辑：刘 畅　　　　　责任编辑：刘 畅 单元花
责任校对：薄萌钰 陈 越　　封面设计：王 旭
责任印制：常天培
固安县铭成印刷有限公司印刷
2025年1月第1版第2次印刷
210mm×285mm·12.75印张·231千字
标准书号：ISBN 978-7-111-73574-8
定价：49.00元

电话服务　　　　　　　　　网络服务
客服电话：010-88361066　　机 工 官 网：www.cmpbook.com
　　　　　010-88379833　　机 工 官 博：weibo.com/cmp1952
　　　　　010-68326294　　金 书 网：www.golden-book.com
封底无防伪标均为盗版　　机工教育服务网：www.cmpedu.com

前　言

传说在 1789 年法国大革命期间，一位法国贵族喝了阿尔卑斯山上流经依云镇的水后，体内的肾结石奇迹般地排出来了。此消息迅速传开，致使大量的人涌到依云镇喝水，甚至当时的法国国王拿破仑三世也被吸引到了依云镇取水喝。后来，依云镇流淌的水供法国皇家饮用。

多年以后依云镇居民将小镇的水灌到瓶子里包装成了高端矿泉水——依云矿泉水。现在小镇一年生产 4.8 亿瓶矿泉水，畅销全球 140 多个国家和地区。

同样的事情也发生在猕猴桃身上。享誉世界的新西兰奇异果，原产地其实在我国。这种在我国很常见的水果栽种到新西兰经过改良变成了一种高端水果——奇异果。新西兰现在每年向全球 70 多个国家和地区销售奇异果。2021 年，新西兰奇异果的全球市场销量高达 2.015 亿箱，销售额达到 181 亿元人民币，仅在我国市场的销售额就将近 40 亿元人民币。

为什么同样的水、同样的水果，差异如此之大呢？

一切差异都离不开广告策划和宣传。依云小镇的水经过广告策划，再经过拿破仑三世的名人加持，就包装成了高品质、高端的矿泉水。原产地在我国的猕猴桃经过改良，再通过广告策划包装就变成了畅销全球的高端水果——奇异果。可想而知，广告策划对于一个产品和品牌来说有多么重要。

我国每个省、市、自治区都有自己的特色农产品，比如宁夏的枸杞、四川的江津鹅蛋橘、江西的南丰蜜橘、广西的沙田柚、吉林的延边苹果梨、浙江的奉化玉露水蜜桃……如果把这些农产品变成一个个"奇异果"，那么将会给当地带来巨额收入。

2017 年 10 月 18 日，党的十九大报告中提出乡村振兴战略，在二十大报告中又强调，"全面推进乡村振兴，加快建设农业强国"。实施乡村振兴战略解决三农问题是重要的一步，要解决三农问题，产品的销售是关键一环，而农产品的销售离不开广告的加持。广告是商品和消费者之间的连接器，而农产品要有好的广告效果就需要提前进行广告策划。本书的案例中加入了一些农产品的广告策划，以发挥教材在服务乡村振兴中应有的示范效应，为国家当前的乡村振兴战略服务。

市面上现有的广告策划类书籍，大部分的编写模式是每章节的知识点用不同品牌的产品来举例，案例之间并没有关联，各章节之间的连贯性被切断。本书的一大亮点是通过"全国大学生广告艺术大赛"（"大广赛"）串起所学的知识点，可以解决知识碎片化和割裂的问题。

"大广赛"是"全国大学生广告艺术大赛"的简称，是广告专业领域的国家级赛事，权威度高，参赛人数多。现在"大广赛"荣誉已经成为各学校广告学专业办学水平的衡量标准之一。本书以 2021 年"大广赛"的比赛项目"JUNPING（俊平）洁面慕斯"作为操作案例，不但能提升大学生的广告策划运作水平，还能提升大学生在"大广赛"中的成绩。

本书的内容是作者在广告策划公司项目运营实践和武昌工学院教学探索和总结出来的，是经过实践验证的。全书理论联系实际，语言诙谐幽默，使读者在快乐中领略项目操作的乐趣。

刘世忠
2023 年 7 月 24 日

《广告策划创新实务》课程总入口

二维码索引

示范乡村振兴项目	名称	页码	示范乡村振兴项目	名称	页码
[QR]	第二章　沁州黄小米市场环境分析	025	[QR]	第七章　沁州黄小米的产品卖点	092
[QR]	第三章　沁州黄小米产品分析	042	[QR]	第八章　沁州黄小米产品的广告定位	109
[QR]	第四章　沁州黄小米竞争对手	055	[QR]	第九章　沁州黄小米广告主题	124
[QR]	第五章　沁州黄小米目标受众的选择	069	[QR]	第十章　沁州黄小米的广告创意表现	143
[QR]	第六章　沁州黄小米目标受众心理和行为分析	080			

目 录

前　言

二维码索引

第一章
营销的逻辑：广告策划概述

一、广告的概念 / 002

二、策划的概念 / 003

三、广告策划的概念 / 005

四、广告策划的前置性 / 007

五、广告策划的原则 / 010

乡村振兴广告项目解读 / 012

大广赛项目：JUNPING（俊平）洁面慕斯项目解读 / 013

经典案例赏析：一块石头的爱情之旅 / 014

课后实践任务：广告策划命题选择 / 015

> 提到广告，想必大家又爱又恨。爱的是，广告引导我们购买生活中需要的东西，帮助我们减少了搜寻和犹豫的时间，丰富了我们的生活；恨的是，不管我们需不需要，它都在不断地"骚扰"着我们。

第二章
松鼠出洞先观察环境：市场分析

一、营销环境分析 / 018

二、市场细分的作用 / 020

三、市场细分的方法和依据 / 022

四、目标市场的选择 / 024

示范乡村振兴项目：沁州黄小米市场环境分析 / 025

大广赛项目：JUNPING（俊平）洁面慕斯市场分析 / 025

经典案例赏析：蒙牛的辉煌离不开有针对性的产品细分 / 027

课后实践任务：项目的市场分析 / 029

> 要为产品进行广告策划，就要非常熟悉当地的市场营销环境。

第三章
对镜贴花黄：产品分析

一、产品的三层次理论 / 032

二、给产品画像 / 035

三、产品的竞争优势 / 037

四、FAB 延伸产品的好处 / 041

示范乡村振兴项目：沁州黄小米产品分析 / 042

大广赛项目：JUNPING（俊平）洁面慕斯分析 / 042

经典案例赏析：昆明城市形象广告策划思路 / 043

课后实践任务：项目的产品分析 / 045

> 第二章分析了 JUNPING（俊平）洁面慕斯的细分市场，本章针对 JUNPING（俊平）洁面慕斯进行分析，了解其功效和性能，产品的优势和特征，以及它的哪些特征最吸引消费者，如何展示才能打动消费者进行购买。这些要从产品的三层次理论来说起。

第四章
龙争虎斗优胜劣汰：竞争对手分析

一、三种类型的竞争对手 / 048

二、找准竞争对手 / 050

三、对比竞争对手的优劣势 / 051

四、攻击竞争对手的缺陷 / 053

示范乡村振兴项目：沁州黄小米竞争对手 / 055

大广赛项目：JUNPING（俊平）洁面慕斯竞争对手
　　　　　　对比分析 / 055

经典案例赏析：凯立德汽车导航软件陨落源于替代品的出现 / 057

课后实践任务：竞争对手分析 / 058

> 一个公司最终能赚多少钱，不是看其有什么高科技，而是看它的竞争对手有多厉害。竞争对手的水平决定了公司的成本，公司超过成本的部分才是能赚的钱。

第五章
一个萝卜一个坑：目标受众的选择

一、目标受众 / 062

二、好广告只针对它的目标受众 / 063

三、从需求出发找目标受众 / 065

四、目标受众画像 / 066

五、目标受众的选择原则 / 068

示范乡村振兴项目：沁州黄小米目标受众的选择 / 069

大广赛项目：JUNPING（俊平）洁面慕斯的目标受众选择 / 069

经典案例赏析：苹果的辉煌是从找到精准的目标受众开始 / 070

课后实践任务：目标受众的心理和行为分析 / 071

> 同样的东西，在一些人眼里是非常有用的，在另一些人眼里也许毫无用处。例如，榴莲在喜欢的人眼里果香四溢，在不喜欢的人眼里却臭不可闻；一块砖在建房人眼里是材料，对于不用它的人来说却是建筑垃圾。

第六章
找准消费者的心理：广告受众分析

一、受众的消费动机 / 074

二、马斯洛的五种需要 / 075

三、马斯洛的五种需要在广告中的应用 / 077

四、包含多种心理需要的广告 / 079

示范乡村振兴项目：沁州黄小米目标受众心理和行为分析 / 080

大广赛项目：JUNPING（俊平）洁面慕斯广告受众心理
　　　　　　和行为分析 / 080

经典案例赏析：速溶咖啡的消费者心理画像 / 081

课后实践任务：项目的广告受众心理和行为分析 / 081

> 有一个小众手机品牌叫传音，只在非洲市场销售。在非洲市场，传音手机被誉为"非洲手机之王"，三星、苹果、华为、小米等公司加起来在非洲的手机销量都没它多。传音出自中国深圳的一家手机公司，它能在非洲胜出，那是因为传音公司非常了解非洲人的行为和心理，做出了适合非洲人的手机。

第七章
找产品优势：产品的卖点

一、卖点的概念 / 084

二、卖点的重要性 / 086

三、寻找产品的卖点 / 089

四、给卖点找支持点 / 091

示范乡村振兴项目：沁州黄小米的产品卖点 / 092

大广赛项目：JUNPING（俊平）洁面慕斯的卖点 / 092

经典案例赏析：依云矿泉水凭什么比高档牛奶贵 / 094

课后实践任务：找产品的卖点 / 095

有一本外国小说，中文译名叫《牧羊少年奇幻之旅》，是巴西著名作家保罗·科埃略写的，这本小说曾被翻译成68种语言文字，全球发行量超过了6500万册，是超级畅销书。这么一本世界级好书，翻译成汉语千里迢迢来到中国，却被中国人视而不见，销量惨淡。后来策划编辑在书的封面上加了一句话，居然让这本书起死回生，挺进了畅销书排行榜。这句话就是吸引人购买的卖点。

第八章
做正确的决策：广告定位

一、定位的概念 / 098

二、定位的原因 / 0100

三、从两个方面定位产品 / 101

四、广告定位 / 103

五、广告定位的方法 / 105

示范乡村振兴项目：沁州黄小米产品的广告定位 / 109

大广赛项目：JUNPING（俊平）洁面慕斯广告定位 / 109

经典案例赏析：百事可乐找定位的思路和过程 / 110

课后实践任务：给项目进行广告定位 / 111

在中国轿车市场有这么一句话，"开宝马，坐奔驰，安全就开沃尔沃"。意思是："你想自己开车体验速度的快感，那么就买宝马，因为宝马开起来最带劲，它最好的设施都安装在前排开车的那个座位上；你想体验坐车的舒服，那么买奔驰，因为奔驰坐起来最舒服，它最好的设施安排在后排座位。"很明显宝马定位为开高档车，奔驰定位为坐高档车。

第九章
创意的"信仰"：广告主题

一、广告主题的概念 / 114

二、广告传播目标 / 115

三、设定广告主题 / 119

四、创作广告语 / 122

示范乡村振兴项目：沁州黄小米广告主题 / 124

大广赛项目：JUNPING（俊平）洁面慕斯的广告主题和广告语 / 124

经典案例赏析：OPPO R9 手机"充电5分钟，通话2小时" / 124

课后实践任务：确定广告主题和广告语 / 125

产品的定位不同，造成哪怕同类产品的广告创意表现也会不同。市场上的轿车品类和品牌有很多，虽然都是交通工具，但它们的广告创意表现各不相同。

第十章
炮制一场轰轰烈烈的亮相：广告创意表现

一、广告创意概述 / 128

二、广告创意的表现策略 / 130

三、视频广告创意表现 / 137

示范乡村振兴项目：沁州黄小米的广告创意表现 / 143

大广赛项目：JUNPING（俊平）洁面慕斯的广告创意表现方案 / 143

经典案例赏析：资生堂彩妆视频广告创意表现和新媒体策略 / 146

课后实践任务：广告创意表现方案 / 149

广告创意贯穿广告策划的整个过程，它是广告人对广告创作对象所进行的创造性的思维活动，是通过想象、组合和创造，对广告主题、内容和表现形式所进行的观念性的新颖性文化构思，创造新的意念或系统，使广告对象的潜在现实属性升华为社会公众所能感受到的具象。

第十一章
曝光效应：媒体策略

一、媒介和媒体 / 152

二、广告媒体评估的标准 / 153

三、媒体运营计划 / 159

四、曝光效应 / 161

大广赛项目：JUNPING（俊平）洁面慕斯广告媒体策略 / 163

经典案例赏析：武汉首义文化新媒体传播策略研究 / 165

课后实践任务：广告媒体策略 / 169

如果说广告创意是为了吸引人关注，那么广告媒体传播就是为了让更多人看到、知道。那么这个广告媒体有多重要呢？

第十二章
设定执行广告的行为：广告策划书

一、广告策划书的内容与写作 / 172

二、广告策划书的正文 / 172

大广赛项目：书写JUNPING（俊平）洁面慕斯的广告策划书 / 176

经典案例赏析：雅客V9维生素糖果广告策划 / 189

课后实践任务：为项目撰写广告策划书 / 192

当项目每个模块的广告方案策划好之后，还需要把这些分散的模块整合起来形成一个系统全面的方案说明书，这种文本形式通常叫作广告策划书。

参考文献 / 193

提到广告，想必大家又爱又恨。爱的是，广告引导我们购买生活中需要的东西，帮助我们减少了搜寻和犹豫的时间，丰富了我们的生活；恨的是，不管我们需不需要，它都在不断地"骚扰"着我们。

坐公交、地铁时，广告会从我们眼前"迅速"地掠过；等电梯时，广告会和我们"亲密接触"；使用计算机浏览网页时，广告拦都拦不住；刷手机时，广告也会"跳"出来抢关注……我们的生活被广告严严实实地包裹着，好像走到哪里，广告就会追到哪里。正如法国广告评论家罗贝尔·格兰（Robert Glan）所说："我们呼吸着的空气，是由氮气、氧气和广告组成的。"这也说明了广告无处不在。

第一章 营销的逻辑：广告策划概述

01

一、广告的概念

"广告"一词是外来语,它源于拉丁文 Advertere,其意为注意、引导、传播。17 世纪中后期,英国开始进行大规模的商业活动,商品经济日趋活跃,商品宣传紧锣密鼓地开展起来,广告一词便广泛地流行并被使用。此时的"广告",已不单是指一则广告,而是指一系列的广告活动,于是英国人把拉丁文"Advertere"演变为"Advertising",即一系列广告活动。

"广告"一词直到 20 世纪初才由国外引入我国。1901 年,上海《申报》刊登了《商务日报》广告,首次在我国国内报刊上使用"广告"一词。

广告到现在还没有统一的定义。不同的国家,不同的专家、学者对广告给出不同的定义。

1932 年,美国专业广告杂志《广告时代》(*Advertising Age*)公开向社会征求广告的定义,得票最多的入选定义是:由广告主支付费用,通过印刷、书写、口述或图画等,公开表现有关个人、商品、服务或运动等信息,用以达到影响并促进销售、使用、投票或赞同的目的。这个定义提到"广告主""支付费用""传递信息"等概念,并且还把广告的表现形式——印刷、书写、口述或图画,加到定义中。这个定义也包含了广告的非纯商业性目的,比如公益广告、政治竞选广告等,可以说是比较全面的广告定义。

1948 年,美国营销协会定义委员会(The Committee on Definitions of the American Marketing Association)对广告的定义是:广告是由可确认的广告主,以任何方式付款,对其观念、商品或服务所做的非人员介绍和推广。

这个定义强调了广告是付费的和"非人员性的"。

美国广告协会（American Association of Advertising Agencies）对广告的定义是：广告是付费的大众传播，其最终目的是传递信息，改变人们对于广告商品或事项的态度，诱发其行动而使广告主获得利益。这个定义强调了广告是付费的大众传播方式，以及广告的最终目的。这个定义囊括了商业广告，但不包含公益广告和政治竞选广告。

英国的《简明大不列颠百科全书》（1985版）对广告的定义是：广告是传播信息的一种方式，其目的在于推销商品、劳务，影响舆论，博得政治支持，推进一种事业或引起刊登广告者所希望的其他反应。这个定义包含了所有的广告形式和广告类别。

《中华人民共和国广告法》（1995版）对广告功能的关注则集中在商业领域，将广告定义为：广告是指商品经营者或者服务提供者承担费用，通过一定媒介和形式直接或者间接地介绍自己所推销的商品或者所提供的服务的商业广告。这个定义强调的是商业广告，不包括政府的公益广告。

这些定义角度不同、侧重点不同，但都给我们描绘了广告的基本轮廓。本书重点讲解实战和操作，对概念不进行详细论述。

广告一般可分为商业广告和非商业广告。本书主要讲商业广告策划。

商业广告是传播信息的一种方式，其目的是推销商品，企业做广告的目的是促使消费者购买产品。企业通过广告使消费者了解产品特征、提高产品的知名度、塑造企业的品牌形象，从而加深消费者对产品和企业的认识，最终达到营销的目的。

二、策划的概念

"策划"这个词，大家每天都能听到，但大部分人都没有一个清晰的概念。下面以陕西秦始皇兵马俑博物馆纪念品策划为案例讲解策划的概念。

大部分参观完陕西秦始皇兵马俑博物馆的游客，都会购买一两件纪念品。同样的纪念品，在博物馆景区内的商店里售价为300元/个，而在景区外的商店里售价为200元/个。景区内和景区外不到200米的距离，价格却差了100元。如果你是消费者，你会如何选择呢？

显而易见，游客大多会到博物馆景区外的商店购买纪念品。可这对于博物馆来说损失就太大了。因为博物馆的景点（兵马俑）、博物馆的品牌、博物馆的"名声"吸引来的游客，参观完博物馆里的兵马俑后，都去景区外购买同类纪念品，导致博物馆的兵马俑纪念品销售惨淡，经济受损。

用什么办法来扭转这种局面呢？

博物馆请来专家进行策划。专家认为要让游客在博物馆买兵马俑纪念品，需要做以下三件事情：

（1）纪念品要用兵马俑脚底下的"秦土"来制作。要让游客感觉到300元的兵马俑纪念品和景区外200元的兵马俑纪念品是不一样的，要具有差异性。

兵马俑纪念品在造型上很难有差异，大家都可以仿造。但是兵马俑坑道周边的土不是一般的土，是2000多年前经过秦国工匠烘烤过的土。于是专家建议兵马俑纪念品要用博物馆兵马俑坑道内的泥土来制作，这样就与景区外的纪念品形成了差异，打消游客对价格的质疑。问题是怎么让人相信这是由2000多年前的秦土制作的呢？

（2）游客见证工人在兵马俑坑道现场取土，导游实时讲解并营销。当游客参观兵马俑时，博物馆制作兵马俑纪念品的工人就在兵马俑的坑道现场取土，这样会让游客看得见，用事实说话。此时导游可以这样做营销："大家想不想摸一摸兵马俑，想不想拥有一件兵马俑？博物馆为了满足大家的心愿，按比例做了一批缩小版的兵马俑纪念品。为了保持2000多年前的风格，纪念品采用兵马俑坑道内的泥土制作。大家请看右边的坑道，这些是在坑道内为纪念品取土的工人。这种土可不是一般的土，这是2000多年前经过秦国工匠烘烤过的土，这也是为什么兵马俑坑道周边几十年都不长草的原因。大家再往兵马俑坑道左边看一看，这么大面积的黄土地上的确没有草的痕迹。这种土除了在兵马俑坑道周边有，全世界再也找不出一寸，非常稀缺独特。大家再看我手上的这个兵马俑纪念品，它就是用我们脚下的秦土制作而成，跟下边坑道内的兵马俑使用同样的材料，唯一不同的是我手上这个纪念品是今年制作的，坑道内的兵马俑是2000多年前制作的，但它们都来自同一方泥土。"

（3）权威认证，为每个兵马俑纪念品颁发一张"身份证"。现场为纪念品加盖博物馆认证公章后，兵马俑纪念品就不一样了，它就有了身份，这个身份就有了价值。

做了这三件事，兵马俑纪念品的营销逻辑就成立了，兵马俑纪念品的销量势必增加。

博物馆为了吸引游客购买正品兵马俑纪念品，安排了三件事来实现这个目标。这一系列的操作过程就是"策划"。

很明显，策划是为了实现预期目标所进行的方案谋划。同样，要开展有效的广告活动，需要有创造性的策划。

三、广告策划的概念

如果说策划是为了实现预期目标所进行的行动方案的谋划，那么广告策划就是为了达到一定的营销目标，对企业的整体广告活动的运筹所做的行动方案的谋划。

王老吉凉茶创立于清道光年间，它是一种由中草药熬制的凉茶，具有清热祛湿等功效。2002年以前，王老吉的广告片是这样的：一个非常可爱的小男孩为了打开冰箱门拿一罐王老吉，用屁股不断地蹭冰箱门。广告语是"健康家庭，永远相伴"。消费者看完广告后，不知道到底卖的是什么。致使王老吉在广东、广西的销量一直不温不火，更没有走出过两广地区。为了把产品推向全国，王老吉请营销专家进行广告策划。专家接手王老吉销售策划任务后，对王老吉的产品市场进行了调查分析，发现广东人有煲制凉茶和饮用凉茶的习惯。传统凉茶因下火功效显著，广东人普遍把凉茶当成"药"服用，而"王老吉"这个百年品牌在广东就是凉茶的代称。既然王老吉是"药茶"也就是不能经常饮用，销量自然受限。可是当降火的药饮来说，消费者又觉得王老吉口感偏甜。按中国"良药苦口"的观念，王老吉"降火"的药力又明显不足，当消费者有"下火"需求时，又觉得它不如牛黄解毒片、传统凉茶类治疗效果好。所以，王老吉的"功效"在凉茶中，也不是一个好的选择。

在进行两广以外的市场调查中发现：首先，很多地区的人们并没有喝凉茶的习惯，一部分人认为"凉茶就是凉白开""我们不喝凉的茶水，只泡热茶喝"。其次，北方的消费者降火的问题一般通过服用药物来解决。因此，如果用凉茶概念来推广王老吉，专家担心其销量会受到限制。

王老吉要走向全国，必须搞清楚一个问题：消费者为什么买王老吉？

专家又对广东的消费者进行调查，发现：广东人饮用王老吉主要在外出就餐、聚会、烧烤、登山等场合。其原因不外乎"吃烧烤容易上火，喝一罐先预防一下"。很明显广东的消费者认知和购买消费行为均表明：消费者对王老吉并无"治疗"要求，而是作为一个功能型饮料购买，购买王老吉的真实动机是用于"预防上火"，希望在品尝烧烤类食物时减少上火的情况，而真正上火以后可能会采用药物来治疗。

很明显"预防上火"是广东消费者购买王老吉的真实动机。再来分析全国其他地区的潜在消费者对"上火"有什么样的认知。通过资料、专家访谈等研究表明，中国几千年的中医概念"清热祛火"在全国广为普及。在消费者的认知里，饮食是上火的一个重要原因，特别是"辛辣""煎炸"的食物，可以说"上火"概念深入人心。再看菊花茶、清凉茶等竞争对手由于缺乏推广，也并未占领"预防上火饮料"的市场。而可乐、茶饮料、果汁饮料等又不具备"预防上火"的功能。因此，专家给王老吉定位为一款"预防上火的饮料"，其独特的价值在于喝王老吉能预防上火，让消费者在吃煎炸、香辣美食，通宵看球赛时，可以减轻顾虑。

找准定位策略后，接下来的重要工作就是推广品牌，专家为王老吉确定的推广主题为——"怕上火，喝王老吉"，在传播上尽量凸显红罐王老吉作为饮料的性质。

在围绕"怕上火，喝王老吉"主题进行电视广告创意时，为了更好地唤起消费者的需求，电视广告创意选用了消费者的五个日常生活场景：吃火锅、通宵看球赛、吃油炸食品、烧烤和夏日阳光浴。广告画面中人们在开心享受活动的同时，纷纷畅饮红罐王老吉。再结合"不用害怕什么，尽情享受生活，怕上火，喝王老吉"的广告歌，这样消费者在吃火锅、看足球赛和烧烤时，自然联想到要喝红罐王老吉，从而促使消费者购买。

在传播渠道上，王老吉选择覆盖全国的中央电视台，并结合地方电视台，尤其是省级电视台，在2003年短短几个月，一举投入4000多万元广告费。

在渠道选择上，除了传统卖场、超市、便利店等渠道，加大力度开拓餐饮渠道，在一批酒楼打造旗舰店的形象，重点选择湘菜馆、川菜馆、火锅店、烧烤场等。

为配合各种渠道的开拓，还设计和制作了大量的售点POP（卖点广告）海报、平面广告和电子显示屏。广告内容集中宣传一个信息："怕上火，喝王老吉"。再配合相应的电视广告，直接刺激消费者的购买欲望。

经过专家对王老吉广告周密的策划，短短几个月，王老吉的销量迅速得到提升，当年的销售额就达到了6亿元。随后几年销量持续高速增长，订单如雪片般纷至沓来，红色王老吉风暴迅速红遍大江南北，2010年王老吉销售额突破180亿元大关。

从这个广告策划案例，我们可以看出，广告要打动人心必须经过周密的策划。王老吉最初的广告宣传，并没有激起消费者的购买欲望。后来经过专家周密的广告策划，把王老吉产品定位为"预防上火"的饮料，确定了"怕上火，喝王老吉"的推广主题，并围绕广告主题制作了"上火"场景开心畅饮红罐王老吉的广告，从而激发消费者的购买欲望，致使红色王老吉迅速红遍大江南北。

因此，现代广告要吸引人，并打动消费者购买必须进行策划。可以说真正的广告策划没有改变产品本身，但是它解决了产品销售之前的传播问题。它利用不同于大众的传播方式引起消费者（目标人群）的关注，从而激发消费者的购买欲望，达成最终销售。

四、广告策划的前置性

广告策划是一项前置性工作，是在广告市场调研的基础上，对企业广告运作全过程的预先设想。从"王老吉饮料"的广告策划案例就可以看出，广告策划首先要了解整个市场，然后根据消费者的心理，制定相应的广告创意策略，最后把这个广告创意策略的整个流程、每一个环节都安排周全。

"逃离北上广，来一场说走就走的旅行！"这句话现在已经成为一句流行语。大城市生活的人们工作不顺心的时候，会有人劝你"逃离北上广，来一场说走就走的旅行！"；生活不顺心的时候，也会有人鼓动你"逃离北上广，来一场说走就走的旅行！"；住房不顺心的时候，更有人建议你"逃离北上广，来一场说走就走的旅行！"……

这句流行语从何而来？我们还得从一个广告策划事件说起。

2016年7月8日新世相在各大平台发布了一则预告："我买好了30张机票在机场等你：4小时后逃离北上广"。图1-1为微信预告截图。

文案内容：现在是早上8点，从现在开始倒计时，只要你在4小时内赶到北京、上海、广州三座城市的机场，我准备了30张往返机票，马上起飞，去一个未知但美好的目的地。

图1-1
微信预告截图

全文用第二人称的语气，对人的触动更加强烈，相当于加入了"点名"环节，这也是一种"下指令"，更加容易激发人去行动，不管是参与活动还是去转发传播。

2016年7月8日，当天全程由"一直播"软件进行直播。下载并打开"一直播"软件，此时视频里有一个女模特正拉着行李箱在广州的白云国际机场寻找活动的负责人。几分钟后女孩找到了负责人,并从他手中抽中了一张去往重庆的机票,她的任务是找人拼单吃洞子火锅。女孩是活动的第一位参与者。第二位到达并参加活动的是一名杂志编辑,他抽中的是去往漠河的机票,任务是去漠河观看第一缕阳光。第三位到达的是一位女士,她抽中的是去往香港的机票,任务是去香港找有故事的人……

图1-2为一张北京去往兰州的机票。

图1-2
北京去往兰州的机票

这就是当时参加活动并直播的内容。

当时各大网站上,都会看到"逃离北上广,来一场说走就走的旅行"的新闻;在知乎和微博上,也可以刷出"逃离北上广活动"的各种提问和回答。那段时间只要你在北京、上海、广州这三座城市,经常会听到或看到这句话。最后"逃离北上广,来一场说走就走的旅行"这场广告活动不但使这句话成为当年的流行语,还成功营销了策划这场活动的三家公司:航班管家App、一直播App、新世相微信社群。这次广告策划活动的费用由奥迪汽车、滴滴打车、兰蔻化妆品、QQ音乐等各大商家赞助。这些商家也在本次活动中赚得盆满钵满。作为参加活动的"逃离者",不用自掏腰包去旅游,组织方将购票、规划路线、选定酒店等细节全部搞定,这种省心省力的旅游,自然好评如潮。

这场广告活动为什么能如此成功,前期周密的广告策划功不可没。策划这个广告活动的三家公司首先确定了广告的主题"逃离北上广,来一场说走就走的旅行"。

为什么用这个做主题呢?因为它容易吸引眼球,引起共鸣。策划人发现当下在北上广的暂住人口已经是当地人口的两倍以上，这些人大部分没有住房、生活压力大。于是不少人开始反思，留在北上广打拼的意义。因此"逃离北上广"本身就变成了一个"不吐不快"的热门话题。确定好广告主题后，这三家公司开始分工协作。新世相负责知乎、微博等线上话题的引爆，"一直播"负责直播"逃离北上广"活动，航班管家负责线下海报投放。

这就是在知乎、微博上出现的"逃离北上广"相关评论和提问的答案都带有航班管家 App、一直播 App、新世相微信社群这三家公司的 Logo 的原因。

其次，为了扩大广告的影响力，人员的选择也很重要，抽中去香港线路的是某杂志的街拍模特，她当时的微博粉丝有 105 万，第一位参与的模特也是网红，用网红既可以吸引大家的关注，又不会引发人们的不信任感。三家公司就这样线上与线下同步操作，成功策划了"逃离北上广，来一场说走就走的旅行"的广告活动，其每一个细节都是预先设想和安排的。

从这个事例可以看出，成功的广告策划背后都有完善的预设演练脚本，需要把预先制定方案的整个流程都安排好，每一个细节都要非常周全，最后再按方案去执行。

五、广告策划的原则

广告策划是系统工程，在策划以前要回答以下几个问题。

（1）为什么要做广告？

（2）向谁做广告？

（3）广告说什么？

（4）广告如何说？

（5）在何时开展广告活动？

（6）用什么媒体做广告？

（7）要花费多少钱做广告？

广告策划必须将广告活动的各个环节与内容，纳入一个相互联系、相互影响的系统中去考虑。因此，进行广告策划必须与公司的市场、产品、价格、渠道和促销等策略相匹配、相呼应。

1. 广告策划的创意具有可行性

广告预算是有限的，所以广告创意活动的目标必须具有可行性，要确保广告主能够承担为了实现目标所需要支付的经费。有些广告策划人往往会提出一些好高骛远、不切实际的广告目标，这些目标从表面看可能是对的，甚至是令人振奋的，但是广告主可能承担不起达到这些目标所需要的经费，结果会导致广告活动半途而废，造成巨大的浪费。对广告主来说，没有达到广告目标，就意味着广告活动失败。

2. 广告策划体现市场营销的要求

营销的目标市场不同，对产品的需求特点也不同，对广告和产品的要求就不同。广告策划必须迎合不同的需求，体现差别。例如，自行车的用途广泛，有健身用的动感单车、爬山用的山地自行车，以及代步用的普通自行车等。消费者对这些不同车型的需求点不同，广告策划所体现的主题思想必须与消费者对产品的需求点相吻合，才能有效地吸引目标顾客。比如山地自行车，是为了让人在爬坡骑行的时候省力；而动感单车是为了健身、锻炼，这两类自行车的宣传广告肯定不一样。

3. 广告策划体现产品的要求

广告要跟着产品走，体现产品的个性和特色。比如每小时能包两三千个饺子的高速饺子机，与仍用手工辅助的包饺子的小工具，虽然用途相同，但功效不同、服务对象不同。前者突出高效，适合食堂、餐厅使用；后者突出方便，适合家庭用户使用。前者广告可突出功效，后者广告则应强化情感。

4. 广告策划体现价格档次的要求

广告要展示产品价格所代表的意义、象征、身份、地位和职业等，甚至还要展示可能给人带来的荣誉，给人一种精神上的满足。例如，劳斯莱斯销售价格非常高，是普通汽车的几倍，消费者买此车的目的不仅是把它当作交通工具，更多的是为了体现身份，这个时候的广告宣传就要彰显尊贵与地位。同样是交通工具QQ轿车的售价只有几万元，那么广告就应该强调性价比来吸引消费者。如果你的产品是能体现人的身份的高档品，但在广告中却出现了类似物美价廉的广告语，这样既降低了产品的档次，又模糊了产品的定位。

5. 广告策划体现营销渠道的要求

广告作为产品的信息流，要跟着物流、商流走。产品运到什么地区，广告也应做到什么地区；产品沿着什么路线前进，广告也应在产品前进的路线展开。总之，广告与产品不能南辕北辙，也不能彼长此消。一句话，产品到哪里，广告就到哪里。

6. 广告策划体现促销的要求

广告本身就是促销的一部分，因此广告策划不能脱离促销的目的。有的促销是为了扩大市场占有率，有的促销是为了打击竞争对手，有的促销是为了吸引流量，有的促销是为了获得粉丝，有的促销是为了回馈老客户等。促销意图不同，广告的传播目标也不同，广告策划始终要围绕促销的意图来设定。

乡村振兴广告项目解读

本书会以二维码的形式，用乡村振兴三农项目给大家进行广告策划示范。为什么用乡村振兴三农项目进行示范呢？

1. 响应国家号召

乡村振兴战略是2017年10月18日在党的十九大报告中提出的战略。乡村兴则国家兴，乡村衰则国家衰。因此，要充分发挥大学生在服务乡村振兴中应有的示范效应，为国家当前的乡村振兴战略服务。

2. 农产品项目离我们近

中国农产品品类资源非常丰富，每个县每个乡镇都有自己的特色农产品，例如，胶州大白菜、章丘大葱、东北大米、长白山人参、内蒙古牛羊肉、宁夏枸杞、西藏虫草、青海青稞、玉树牦牛、河北鸭梨、福建荔枝、广东龙眼、广西柑橘、云南普洱等，数以万计的特色农产品品类资源，蕴藏着"金山银山"。大学生要创业，农产品是很好的选择。

3. 农产品创业成功，会促进乡村振兴

农产品创业会带动农民就业、提高农民收入、促进乡村振兴。因此，示范农产品广告策划，会更有意义。

本书会以沁州黄小米广告三农项目作为本示范实例，作为广告策划运作的实践项目。通过此项目将课程的相关知识串联起来，形成一个完整的广告策划方案。

大广赛项目

JUNPING（俊平）洁面慕斯项目解读

本书以全国大学生广告艺术大赛，（以下简称大广赛）的比赛项目"JUNPING（俊平）洁面慕斯"作为实操示范的案例。通过这个案例引出相关知识点，然后用这些知识策划"JUNPING（俊平）洁面慕斯"的广告内容，最后把这些策划出来的内容按顺序串联起来，形成一个完整的广告策划方案。

项目简介：JUNPING（俊平）洁面慕斯是杭州耕香生物科技有限公司生产的，品牌名称为JUNPING（俊平）。公司现在推出的五款中国香气洁面产品，分别是闽南红茶香、中原牡丹香、青藏雪莲香、滇南树莓香、江南桂花香。其中，闽南红茶香主打维稳修复改善皮肤屏障功效，中原牡丹香主打消肿紧致解决皮肤炎症功效，青藏雪莲香主打保湿补水保持肌肤水润功效，滇南树莓香主打抵抗初老解决干纹、细纹功效，江南桂花香主打提亮淡斑保持肌肤透彻功效。

公司准备花500万元给产品打广告，因此需要进行广告策划。

根据项目组分析：500万元分给五款产品打广告，效果甚微。这就好比送女孩玫瑰花，每天一朵和一次送9999朵，哪个更能打动女孩，更吸引人？答案肯定是一次送9999朵玫瑰。因此，我们需要把所有资金集中起来

为一个产品打广告，这样更容易运作。等把一个产品运作起来后，其他产品跟着这个产品销售，就会顺利很多。

项目组对产品目标消费群体［JUNPING（俊平）洁面慕斯把17～35岁的学生和上班族当作产品的目标消费群］进行调查。在参与调查的169份有效问卷中，有128位（75.74%）受调查者选择了青藏雪莲香这款产品。因为雪莲相对于其他植物来说，更珍贵、更稀有，并且雪莲这两个关键字在消费者的印象中，本身就具有补水的功效。大家还可以联想到"高原雪山、圣洁纯净"，也就是说用青藏雪莲香能够从多方面提升消费者的期待值。因此，项目组最终以青藏雪莲香洁面产品作为JUNPING（俊平）洁面的主推产品，也作为本书广告策划项目实操的示范案例。

经典案例赏析

一块石头的爱情之旅

钻石是什么？很多年前钻石就是一块石头，和煤炭一样同为碳元素物质的石头，它最大的用处是划玻璃。

可是如今，这块石头被赋予了永恒爱情的标签。结婚时，每个新娘都想拥有一颗钻戒，都希望自己的爱情永恒久远。

那么这块石头是如何被赋予永恒爱情标签的呢？

1888年，戴比尔斯公司买下南非的一座钻石矿，产量有几千万克拉。这么大的钻石矿只作划玻璃的工具，显然市场太小了，于是这家公司就将其加工成为钻石戒指、钻石项链等。但是市场还是小，毕竟只有有钱人才会买钻石戒指和钻石项链，普通人负担不起。怎么能让这种石头变成必需品呢，怎么让全世界的人都想买一颗呢？戴比尔斯公司的老板每天都在思考，并且聘请专家为其出谋划策。

钻石有什么特性呢？

钻石坚硬、化学性质恒定、外表璀璨、物质稀有。

人们追求理想的爱情是什么？

希望自己的爱情恒久又稳定，没有什么能够击碎它，不会因时间的变化而变质。这些不正是钻石的特质吗？于是，19世纪最成功的营销文案诞生了，"钻石恒久远，一颗永流传"，把一种称不上罕见的石头和"真爱"捆绑。

有了概念，有了广告语和广告主题，戴比尔斯公司通过各种手段铺天盖地地做广告，强化钻石就是美好爱情的象征。戴比尔斯公司说服英国女王，在其登基的王冠、项链、权杖等上面都镶满了钻石；让摩洛哥王妃、瑞典公主、好莱坞的名人等在其订婚仪式上戴上戴比尔斯公司制作的钻石戒指、钻石项链和其他钻石装饰品；将钻石与毕加索、德兰、达利、杜飞等人的名画放在一起展示，表达钻石和名人、名画一样高贵且独一无二，并且在电影中用钻石戒指来设置情节……

例如，电影《情归阿拉巴马》(Sweet Home Alabama) 中，男主角用钻石求婚时，台词提示："钻石要买最大最闪的。"他们卖力宣传："买钻石花钱越多，你的求婚就越有诚意。"让大家都去买贵的。有不少贤惠的妻子，会心疼丈夫，阻止丈夫买太贵的礼物。戴比尔斯公司就告诉男人们"送钻石要有惊喜，你要偷偷买最好的钻石，然后突然送给心爱的人，才能让她感到幸福。"

钻石经过戴比尔斯公司的策划，就不再是一块"石头"了，而是爱情、幸福、誓言、美丽等让女性痴迷的象征，就这样钻石成了永恒爱情的象征。

课后实践任务

广告策划命题选择

1. 学生分组：3~5人一组，根据每个成员的优缺点拟订分工方案，然后选择一个大广赛的广告策划题目。

2. 课后实践命题选择：从大广赛官网的比赛中选择命题并下载，然后根据命题要求进行广告策划。选好题目后不能更改，后面章节的课后练习都是围绕本命题进行相关练习的。

要求：

（1）选好命题和分好小组后，各小组结合项目进行讨论，分析小组每个成员的优缺点，然后根据优缺点拟订分工方案。

（2）每位同学都要积极参与，发表自己的观点。

（3）根据讨论的结果，将电子文件或纸质文件上交老师。

（4）每一组选派一人上台发言。

要为产品进行广告策划，就要非常熟悉当地的市场营销环境。

例如，对于厂家来说，洗浴用品可以洗身体当沐浴露卖，可以洗头发当洗发水卖，可以洗手当洗手液卖，可以洗脚当足浴液卖，但是对于消费者来说是不可接受的。他们无法接受头和脚不分的洗浴用品。既然消费者这么介意，这些洗浴用品就不能随便售卖。商家要搞清楚目标市场：是把产品作为洗发水来卖，还是沐浴露来卖，还是把它当作洗手液，或是足浴液来卖。选择的目标市场不同，所面对的市场环境、竞争态势、竞争难度、政策条件、社会文化等都不一样，广告策划当然也不一样。

第二章

松鼠出洞先观察环境：市场分析

02

一、营销环境分析

市场的营销环境既包括营销大环境,又包括营销小环境。

(1) 营销大环境主要包括人口、政策、法律、经济、社会文化、科学技术等。

以农产品为例,在不同的经济发展地区,居民的收入、顾客对产品的需求都不同,农产品的广告策划也不同。例如,经济发展水平较高的地区,消费者愿意花较高的价钱购买一些品质好的农产品,这时候农产品广告就要重点推广绿色和有机等品质。经济发展水平较低的地区,价格因素对成交影响较大,这时候广告重点强调价格低。

社会文化不同,消费者对广告的接受度也不同。

例如,新加坡立邦漆品牌旗下的木器清漆。刷这种油漆能使有小刺的木头光滑,防止刺手。于是围绕油漆的这个特点制作了一个广告:一个中国古典式的亭子,亭子的两根立柱上各盘着一条龙,左边的立柱没有刷立邦漆色彩黯淡,龙紧紧攀附在柱子上;右边的立柱刷了立邦漆后色彩光鲜,但由于太光滑了,龙爪抓不住立柱就跌落到地上。如图2-1所示。

这个广告看上去非常有创意!但是我国的消费者看了广告后,纷纷投诉和抵制购头立邦漆。

请问立邦漆广告哪里得罪了我国消费者?图2-1为立邦漆"龙"篇广告。

图 2-1
立邦漆"龙"篇广告

答案是立邦漆广告忽视了中国的文化。在我国,龙是中华民族的象征之一,代表祥瑞。龙应该是腾飞的,而广告中因为刷了立邦漆立柱,导致龙爪抓不住立柱而跌落到地上。腾飞的龙竟然跌落,一下激起了民愤。立邦漆的销售情况可想而知,这个广告创意不但没带来销量,还给立邦漆惹来很多麻烦。这就是文化给广告带来的效果。

因此,对于一个陌生的市场,广告策划不是想当然的,需要了解当地市场的文化、了解当地的政策、了解当地的营销环境,还要搞清楚当地市场的人口数量、市场的总体销量、未来的市场发展趋势和规模等。

麦当劳开店选址都会借用各种辅助工具测算当地的市场数据。比如开店选址周边的人口数量、房价,周边店铺的平均租金,区域特征,开店街道的人流量。(有多少男人,有多少女人,有多少孩子,有多少老人),以及经过的自行车、汽车的数量。公司每天派人从早上9点到晚上12点蹲点数人、数车。每半个小时就要统计一次,从周一到周日至少连续统计两周。根据测算出来的数据预测未来的销售额(这个预测的销售额和实际销售额相差3%),这就是市场营销环境分析。我们在进行广告策划时,也必须有一套精准的数据来支撑,而不是空想。这就是营销的大环境分析。

(2)营销小环境,主要包括企业本身、供应商、营销中介渠道、顾客、竞争者等。这些因素都会影响广告策划的决策。策划时必须搞清楚使用产品的顾客是谁,产品的付费顾客是谁,产品从公司到顾客手中经过哪些渠道,产品的竞争对手是谁等。要搞清楚这些问题必须要用到一种工具——市场细分。

二、市场细分的作用

市场细分是美国市场学家温德尔·史密斯（Wendell Smith）在 1956 年提出的。市场细分是依据消费者的需要和购买行为习惯差异，把某一产品的整体市场划分为若干个小市场的过程。简单来说，就是把某一行业的整个市场看作一整块大蛋糕，现在要把这个大蛋糕分成若干份，怎么分？依据是什么？答案就是消费者需要和购买行为习惯的差异。

以蛋糕行业为例。小孩喜欢奶油，老人需要补钙，女人怕胖需要减脂，糖尿病人需要控糖……如何为蛋糕做市场细分，即针对儿童，第一刀切出来的是奶油蛋糕；针对老人，第二刀切出来的是高钙蛋糕；针对爱美的女人，第三刀切出来的是低脂蛋糕；针对糖尿病人，第四刀切出来的是无糖蛋糕……商家根据这些差异做了相应的奶油蛋糕、高钙蛋糕、低脂蛋糕和无糖蛋糕，这就是市场细分。

那么市场细分有什么作用呢？

1. 市场细分能发现市场营销的机会和竞争对手

我们考察男装市场细分，见表 2-1。

表 2-1 男装市场细分表

人物	衣服类别			
	西服	中山服	休闲服	运动服
小孩	jojo	—	娃哈哈、米奇、萌宝、拉维拉、兔子窝、嘟嘟	巴拉巴拉、安奈儿、小猪、班纳
青年	拜丽得、金利来	柒牌	美特斯·邦威、森马	李宁、耐克、百事、阿迪达斯
中年	雅戈尔、金利来、庄吉、罗蒙、美尔雅	海澜之家	七匹狼、老爷车	耐克、阿迪达斯
老年	—	—	夕阳红	爽美威

从表2-1中，我们可以看出哪块服装市场竞争比较激烈，哪块服装市场没有竞争。表2-1中品牌多的服装市场竞争激烈，品牌少或者没有的服装市场竞争不激烈或是空白市场。小孩的休闲服、运动服，青年人的运动服，以及中年人的西服的市场竞争比较激烈，大品牌集中；小孩的中山服和老人的中山服没有品牌，说明这两块市场还属于空白或竞争不激烈状态。从表2-1中很容易发现新的营销机会。

从表2-1中，还可以看出哪些是竞争对手，哪些不是竞争对手。在同一个单元格的，肯定是直接的竞争对手，不在同一个单元格的，就不是直接竞争对手。雅戈尔与耐克虽然都是生产服装的，但它们不是直接的竞争对手；雅戈尔、金利来、美尔雅等，它们才是直接的竞争对手，李宁、耐克、百事、阿迪达斯，它们也是直接的竞争对手。

2. 市场细分能突出特色和强项

武汉有许多以数字命名的医院，如第一××医院、第二××医院、第三××医院等综合医院，还有一些细分医院，如武汉大学口腔医院、亚洲心脏病医院、湖北省肿瘤医院、武汉市肺科医院等。

作为身在武汉的消费者，如果牙齿有点龅，会选择去哪个医院看病呢？

牙齿有点龅会选择到武汉大学口腔医院就诊；心脏有问题会去亚洲心脏病医院就诊；身体长肿瘤会去湖北省肿瘤医院就诊；肺部有问题会去武汉市肺科医院就诊……为什么呢？

因为口腔医院这几个字对口腔病人来说更专业；心脏病医院这几个字对心脏病患者来说更具有说服力；肿瘤医院这几个字对肿瘤患者来说更具有针对性……对医院来说做细分更容易聚焦，更容易出成果。因此细分决定了产品的顾客，以及产品对顾客的吸引力；细分能让顾客一下子就知道选择什么样的产品更合适；细分能让每家医院更专注于自己的领域。

3. 市场细分更具有针对性

打车软件有快车、出租车、专车、顺风车和代驾等几种细分服务。当消费者需要一般出行时，会选择快车；当消费者需要更专业一点的出行时，会选择出租车；当消费者需要出席商务场合时，会选择专车；当消费者想省钱还想打车时，会选择顺风车；当消费者喝酒不允许开车时，会选择代驾。这些细分服务满足了消费者的不同需求。

这就是细分，更具有针对性，能满足不同的需求。

4. 市场细分是小企业生存的"利器"

阿里巴巴是中国电商的先行者，经过十几年的发展，其淘宝网的电子商务占我国电子商务80%以上的市场份额。慧聪、易贝、万达等这些综合电商，有品牌，有资金，有流量，最后还是被淘宝网打败了。我们一度认为淘宝网未来会吸引更多消费者，会把其他电商和实体店都打败。但是，2021年其市场份额不到50%，未来的变化更难预料，是什么分食了淘宝网的市场，导致其市场份额下降呢？

答案是垂直细分网站。

前几年不管买什么东西，大部分人会选择淘宝网。当时，人们感觉万能的淘宝网应有尽有。

有段时间淘宝网上很容易买到假货，买到假货也不能顺利地退款，给个差评会有一系列麻烦，并且开发票较难。产生这些问题是由于淘宝网上商品多，资源分散，服务不能面面俱到。

既然淘宝网有做得不好的地方，肯定有做得更好的商家，于是就有了像当当、京东、唯品会等这些细分的网站。如今，我们买图书首先会想到当当网、买家电到京东、买服装到唯品会、买化妆品到聚美优品、买二手车到瓜子网等。由于细分的垂直网站更专业化，更能满足消费者的需求，因此更吸引消费者。这样专业的垂直电商逐步分食了淘宝网的市场，导致淘宝网市场份额逐年下降。

三、市场细分的方法和依据

市场细分一般从两个方面进行：①从产品细分；②从客户细分。

1. 从产品细分

从产品细分是先把产品细分出来，然后去找适合的消费者。小肥羊火锅为了满足食客,把羊肉细分出了40个不同的品类。我们再看兰州拉面是如何细分的。吃兰州牛肉拉面时,服务员会问你要毛细、一细、二细、一宽、二宽,还是三宽,价格也有6元的、10元的、15元的等。这些都是从产品开始来细分的。

2. 从客户细分

微信针对不同职业的用户,显示不同的关键词广告。这其实就是从客户开始细分的。微信给做工程的用户,显示材料广告;给做机械的用户,显示CAD机械制图广告;给做农业的用户,显示农药广告;给做公关的用户,显示公关广告。非常精准、具有针对性,这些就是从客户开始细分。

3. 市场细分的依据

市场细分依据的标准是什么?

标准就是什么因素造成消费群对产品的需求差异,这个因素就是细分依据。例如,不同年龄的人选用不同功能的化妆品,因为他们需求点不一样。20岁的女孩需要美白,皮肤白了自然看上去美,不是有这么一句:一白遮百丑;30岁的女人皮肤干燥,需要补水,喜欢用补水化妆品;40岁的女人开始长皱纹,喜欢用抗皱化妆品。这些差异是年龄造成的,因此,化妆品细分一般依据年龄。

再看我国的饮食文化,广东人喜欢甜食和煲汤;山东人喜欢口味偏咸的食物;四川人喜欢麻辣味;江浙一带的人口味清淡等,因此就形成了粤、鲁、川、淮扬等细分菜系,这个菜系的依据是地域和口味的差异。

服装根据年龄可以细分为儿童服装、青年服装、中年服装、老年服装;也可以依据制衣的材料细分为棉服、羊毛服、羽绒服等;还可以依据衣服的风格细分成西服、中山服、休闲服、运动服等。

我们再看洁面产品细分,市面上有补水的洁面产品、有控油的洁面产品、有抗皱的洁面产品、有祛痘的洁面产品、有美白的洁面产品等,这是从功效方面细分的。有氨基酸洁面产品、有植物洁面产品、有动物洁面产品、有深海鱼类洁面产品等,这是从成分细分的。市场细分依据见表2-2。

表 2-2　市场细分依据

市场细分类型	群体共同特征
人口统计细分	可统计的，如年龄、收入、职位等
心理统计细分	生活方式，如音乐爱好者
基于消费行为的细分	比如经常饮酒、旅行等
利益细分	希望从食品中获得奢侈、节俭、舒适等
地理细分	家庭住址、办公地址等

四、目标市场的选择

市场细分后，要对细分出来的小市场进行排序，看哪块市场适合做，接下来就是给企业选择目标市场。一般来说，大企业会选择规模大的细分市场，小企业通常会选择规模小的细分市场。不过，再小的细分市场，规模数量也需要让企业能够盈利。如果目标市场不盈利，那么这样的目标市场不值得选。

在选择目标市场时，应该注意以下这些原则。

1. 尽量选择空白市场或竞争压力小的市场

尽量选择没有竞争对手的空白市场或者竞争压力小的市场，这样容易成功。

对于企业而言，最好的市场环境就是寻找一个没有竞争的行业，尤其在自己实力不足的时候尽量避免和一些竞争对手抢市场。

比如，有一家生产尿不湿的企业，原来的产品是针对婴幼儿市场的，希望通过打价格战来获取部分市场，可最后市场没打开。调查发现，市场上生产尿不湿的企业太多，产品也很多，并且没有名气而价格低的尿不湿，通常被认为产品质量差。这也是这家企业打不开市场的原因之一。

企业通过调查发现，除了婴幼儿使用尿布湿，还有部分老人会使用尿不湿。于是企业将尿不湿材料类型进行了改良，生产出适合老人用的尿不湿。由于当时市场竞争小，销量非常好。产品选择了另一块目标细分市场，很快就打开了局面。这就是选择空白市场的好处。

2. 消费者对细分产品是否有需求

通过分析来验证市场对某细分产品是否有需求，作为开发市场的依据。

前些年，市场上出现了一种"他$^+$""她$^-$"矿泉水，"他$^+$"代表男人喝的水，"她$^-$"代表女人喝的水。产品这样的细分有没有市场，需要通过调查、实践来验证。最终，这两款产品销量很少，慢慢就消失了，说明这个细分产品对消费者来说就没有意义。

图2-2为"他$^+$""她$^-$"矿泉水广告图。

图2-2 "他$^+$""她$^-$"矿泉水

由于此款矿泉水只是从名字进行区分，而不是从功能进行区分。因此，这样细分产品就没有意义了。

示范乡村振兴项目

沁州黄小米市场环境分析

大广赛项目

JUNPING（俊平）洁面慕斯市场分析

本章还是以大广赛项目"JUNPING（俊平）洁面慕斯"进行实操示范。

根据《女性生活蓝皮书》统计，中国女性平均每年花在皮肤护理上的费用为3500元，一线城市更高，人均约1万元。2021年，我国的日化洗护用品市场规模达到1269亿元，其中洁面市场规模达到185.9亿元。

洁面产品的品牌有很多，如妮维雅、多芬、曼秀雷敦、珂润等，这些产品在成分上主打氨基酸。因为氨基酸不但控油去污，而且不伤害皮肤，深受消费者喜爱。随着社会的发展和人们对健康的重视，植物性洁面产品越来越受消费者的青睐。这就是百雀羚、佰草集、相宜本草等国产化妆品品牌崛起的原因。所以，俊平洁面慕斯为了迎合消费潮流，主打植物性洁面产品。

既然主打植物性洁面产品，就需要分析市面上的同类产品。

佰草集、相宜本草这两个品牌主打成分包含100种中药材；百雀羚主打成分包含红景天、益母草、忍冬花三种植物；索芙特主打成分木瓜；菠丹妮主打成分草莓；韩后茶蕊主打成分茶蕊；宝拉珍主打成分绿茶叶等。俊平洁面慕斯成分包含的雪莲相对于其他植物来说，被称为"百草之王""药中极品"，更珍贵、更稀有，并且"雪莲"可以让大家联想到"高原雪山、圣洁纯净"。因此，产品成分主打植物"雪莲"能够从多方面提升消费者的期待值。

我们再从植物性洁面产品的功效方面来看。市场上洁面产品可以细分为保湿补水、控油、抗皱、祛痘和美白等，见表2-3。

表2-3 洁面产品功能市场细分表

保湿补水	控油	抗皱	祛痘	美白
相宜本草百合保湿 佰草集肌本清源 艾丽嘉妍瓷肌焕采 宝拉珍选抗皱保湿双效 雅诗兰黛白金级 旁氏的柔珠 丹芭碧绿茶 至本特安修护 珂润润浸保湿 安妍科氨基酸泡沫 芙丽芳丝 ……	妮维雅云柔盈泡 曼秀雷敦氨基酸 白雀羚 露得清深层控油 史奴比控油 ……	悦木之源榆绿木 艾丽嘉妍瓷肌焕采 宝拉珍选抗皱保湿双效 好面霜 奥蜜思芯悠 SK-II全效活肤 ……	曼秀雷敦氨基酸 珊拉娜除痘防疤 相宜本草控油消痘 皙肤泉祛痘 老中医祛痘 满婷祛痘 ……	韩后茶蕊美白 索芙特木瓜白肤 妮维雅美白 丹芭碧荷花清透花蜜净白 ……

从表2-3中可以看出，这几种美白、抗皱等功能性洁面产品竞争异常激烈，其中不乏一些大品牌产品。JUNPING（俊平）洁面慕斯作为新进入的产品，再主打这些功能，不容易打开市场。

经典案例赏析

蒙牛的辉煌离不开有针对性的产品细分

蒙牛是牛根生于1999年创立的，短短几年，就让它跑成了一头"世界牛"，连续五年摘得中国市场占有率桂冠。蒙牛能快速成功，离不开产品细分满足不同消费者的市场定位。蒙牛根据不同人群、不同消费场合，提供了不同的牛奶产品。

中国人喜欢喝"浓一些""香一些"的牛奶。可是真正的纯牛奶是稀的，不会太浓，而且只有一点儿淡淡的味道。为了迎合国人的口感，蒙牛推出了纯牛奶，用百分百牛奶，并且采用国际先进的"闪蒸"技术，在不破坏牛奶营养价值的前提下，低温蒸发部分水分，使口味更香浓。可以说蒙牛的这款纯牛奶是专门针对中国人推出的产品。

普通纯牛奶满足了普通人，并不能满足想要高品质生活的高收入人群。于是蒙牛针对城市的中高收入家庭、单身白领和有较强个性的青年推出了特仑苏纯牛奶。特仑苏在蒙语中是"金牌牛奶"之意，是高品质牛奶。

孩子是家庭的未来，家长们会把大量的金钱投入孩子身上。因此，蒙牛针对孩子，推出了"未来星非凡少年"品牌，专注儿童成长牛奶。广告宣称"未来星非凡少年"牛奶中特别添加了牛磺星、DHA藻油和益生元，促进骨骼生长、提高脑细胞的活性，是儿童快乐成长的好伙伴。

继儿童牛奶后，蒙牛又推出了适合老年人的高钙牛奶。中国人口老龄化越来越严重，老年人也是消费牛奶的大群体。针对老年人身体钙质容易流失、骨头疏松等特点，蒙牛推出了高钙牛奶。蒙牛的高钙牛奶宣称脂肪含量低，营养成分高，又加入了乳酸钙和维生素D3等成分，钙含量大于150毫克/100克。牛奶中不但含有丰富的蛋白质、氨基酸，以及较多的微量元素，同时也能有效促进钙质的吸收，还具有一定的安眠作用。

针对爱美的女士，蒙牛推出了高钙低脂牛奶。这款牛奶采用国际流行的脱脂技术，大大地降低了牛奶中的脂肪含量，同时又在牛奶中加入了更多的膳食纤维，喝起来不会发胖。满足了好吃一族，想吃就吃、想喝就喝的需求。告诉爱美的女士不能只吃菜，偶尔也要补补钙，蒙牛高钙低脂牛奶，给你一个只吃不胖的理由。

除了根据人群细分出不同品种的牛奶，蒙牛还根据人们的饮食结构和饮食习惯，推出了早餐牛奶。又根据年轻人的特点，推出了酸酸乳饮料、真果粒养道等100多种不同品种的牛奶产品，让每个人都能找到适合自己的牛奶产品。蒙牛牛奶市场细分见表2-4。

表2-4 蒙牛牛奶市场细分表

产品名称	产品特点及构成	广告语	市场定位（目标消费群）
纯牛奶	由百分百牛奶精制而成。采用国际先进的"闪蒸"技术，在不破坏牛奶营养价值的前提下，低温蒸发部分水分	来自大草原，自然好味道	普通大众
特仑苏	包含了丰富的天然优质乳蛋白，比国家标准高出13.8%，含有3.6g乳蛋白和120mg原生高钙	喝金牌牛奶，过品质人生，不是所有牛奶都叫特仑苏	城市中高收入家庭、单身白领和有较强个性的青年
未来星非凡少年	特别添加了牛磺星、DHA藻油和益生元	快乐成长好伙伴	少年儿童
高钙牛奶	牛奶中加入了维生素D3、乳酸钙，能促进睡眠，增加骨骼的硬度和结实	喝好才能睡得好	老年人、补钙一族
高钙低脂牛奶	脱脂、高纤维，吃饱喝足不会增加脂肪	喝出漂亮，喝出好身材	爱美女性
早餐牛奶	牛奶、鸡蛋与核桃粉，空腹即饮	营养早点到	上班族
酸酸乳饮料	鲜牛奶中添加益菌因子和柠檬酸，能够促进肠道蠕动，抑制有害菌增长，同时促进B族维生素合成	酸酸甜甜就是我	青少年
真果粒	牛奶中加入草莓果粒等，含水果膳食纤维	牛奶加果粒，每"粒"有新意	年轻女性

课后实践任务

项目的市场分析

请对你目前做的项目或者产品做一个市场环境分析。

（1）分析项目或者产品的市场容量和市场特点。

（2）对项目或者产品进行市场细分，并写出细分依据和顾客需求。

（3）对项目或者产品的顾客进行细分，细分依据诸如年龄、职业、爱好、收入、地域等，主要分析造成消费群对产品需求的差异因素。

要求：

（1）3~5人一组，并结合小组的产品（项目）进行讨论。

（2）每位同学都要积极参与讨论，发表自己的观点。

（3）根据讨论的结果将电子文件或纸质文件上交老师。

（4）每组选派一人上台发言。

第二章分析了 JUNPING（俊平）洁面慕斯的细分市场，本章针对 JUNPING（俊平）洁面慕斯进行分析，了解其功效和性能，产品的优势和特征，以及它的哪些特征最吸引消费者，如何展示才能打动消费者进行购买。这些要从产品的三层次理论来说起。

第三章 对镜贴花黄：产品分析

一、产品的三层次理论

任何一个产品都是由三层次构成，第一层是核心产品，第二层是有形产品，第三层是附加产品。

1. 核心产品

核心产品是指产品的使用价值或效用，能帮助消费者解决某一方面的问题。它是产品的灵魂，这是消费者真正购买或使用该产品的原因。核心产品也许是某一功能，也许是某一抽象概念。

比如人们买食物，不是为了食物本身，而是为了填饱肚子，或是为了享受美食；购买洗衣机，不是为了洗衣机本身，而是为了方便快捷地洗干净衣服；购买电影票，不是为了一张票本身，而是为了休闲娱乐。

女士会去化妆品柜台询问服务员，"这个化妆品效果怎么样？"表面上是问化妆品的功能，其实她真正的需求是变美丽，美丽才是她的核心需求。因此，化妆品的核心产品是美丽。

买冰箱不是为了冰箱的制冷，而是希望拥有新鲜的食品。我们之所以把鱼、虾、肉、饺子等冷冻，是因为冷冻后好吃吗？答案肯定不是。是因为冷冻食物可以长久保存。也就是说，冷冻不是我们的目的，而是保存食物的手段。若冰箱不制冷，也可以使食物保鲜不变质，我们还需要冷冻食物吗？答案显然是不需要。

因此，消费者买冰箱不是为了冰箱的制冷，而是为了长久地保存新鲜的食品。这就是为什么冰箱广告都在说冰箱里的鱼鲜活、蔬菜新鲜，而不是冰箱的制冷能低到－30℃或者－50℃。产品的三层次理论如图3－1所示。

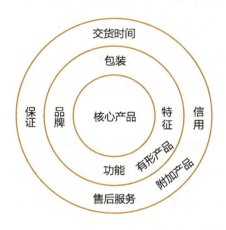

图3－1
产品的三层次理论

例如，LV包的核心产品是什么呢？一个LV包动辄几万元，甚至十几万元，如果仅仅为了实用，可以购买普通的帆布包。事实上，买名牌包不仅是用来装东西，还有装点门面的作用，彰显自己身份的"尊贵"。因此，LV包的核心产品是"身份的象征"。

我们分析JUNPING（俊平）洁面慕斯。洁面产品的核心是什么？人们购买洁面产品的目的是什么？是为了使脸部皮肤干净，并且不刺激，换句话说洁面产品的核心是能温和地清洁脸部皮肤。如果广告这样宣传：温和地清洁脸部皮肤，那么肯定不会有消费者花钱购买。因为所有的洁面产品都有洁肤功能，这是洁面产品的标配，再宣传这一点对消费者没有任何吸引力。

以手机为例，非智能手机的核心产品是满足与人沟通的需求，如打电话、发短信等。但随着智能手机的普及，打电话、发短信功能就变成一个标准配置。这时候再宣传手机打电话、发短信的功能，就没有吸引力了。此时人们购买和使用手机的主要需求点，不单是为了沟通，也许是为了使用导航地图，也许是为了能随时随地上网，也许是为了拍照漂亮，也许是为了在无聊时消磨时间等。因此，这时候广告宣传的重点就成了手机的拍照、音乐、玩游戏、看视频等功能。

2. 有形产品

有形产品是指能让消费者直接看到或感受到的产品外观、功能等，其核心是有形实体或服务的体现，这是最直观的，能吸引消费者购买的层次。这一层次主要包括产品的品质、特性、品牌名称、形式、包装、设计等。

再以手机为例，手机的有形产品是：设备大小、形状、触摸屏的手感、屏幕大小、操作系统显示界面、手机上图标的设计、图片颜色效果、手机的外包装等。这一层次极大程度地影响消费者的购买意愿。

就好比第一次买苹果手机的人，有的是被它的外形打动。你问他们"为什么要买苹果手机？"大部分人的回答是"因为好看"。苹果手机外形酷炫，让人爱不释手，这就是有形产品带来的效果。当消费者对一个产品不了解的时候，好看的外形是打动其最有效的手段之一。

因此，企业在做广告时，尽量将核心产品和外观特点结合起来进行宣传，就会对消费者购买产生巨大的促进作用。

3. 附加产品

附加产品是指给消费者提供除实体产品之外的其他服务与利益，包括产品的交付时间、信用等级、质量保证、送货、安装、售后服务等。

当核心产品和有形产品都没有太大的差别时，附加产品也会影响消费者的选择偏向。仍然以手机为例，当消费者在同代芯片、同样内存、同样屏幕、同样价格的几款手机之间犹豫的时候，如果某款手机售后服务是"半年之内只换不修"，那消费者肯定会选择购买这款手机。这里的售后服务"半年之内只换不修"就是附加产品。

淘宝和京东平台上都卖空调，同样的空调品牌和型号，通常京东上的价格比淘宝的贵，但大部分人还是会选择在京东购买。因为京东可以给我们提供更好的售后服务。这就是附加产品的优势，这是淘宝商家很难做到的。

海底捞的附加产品也很吸引人。海底捞设计了一套从顾客进门到就餐结束离开的完整服务体系，几乎包含了就餐过程中所有的用户体验环节。

对镜贴花黄：产品分析

当你走进海底捞排队等待用餐时，服务员会送上免费的饮料、水果和小吃，海底捞还免费提供擦皮鞋、美甲等服务。在用餐过程中，如果顾客是孕妇，海底捞会送红枣和鸡蛋；如果顾客是考生，海底捞会送一帆风顺果盘；如果顾客过生日，海底捞会赠送长寿面，并有生日歌服务，这些都是海底捞的附加产品优势。

二、给产品画像

要洞悉产品不但要分析产品的三个层次，还要给产品画像。把产品的成分、功效、品质、价格和售后服务等所有的表面特征列出来。只有这样，才能知道产品的优势，广告的宣传点。画像可以从产品的功能、外观、性能参数三个方面进行。我们以欣兰雅舍蓝牙七彩迷你音响作为案例，讲解产品在三个方面的画像。图3-2为欣兰雅舍蓝牙七彩迷你音响。

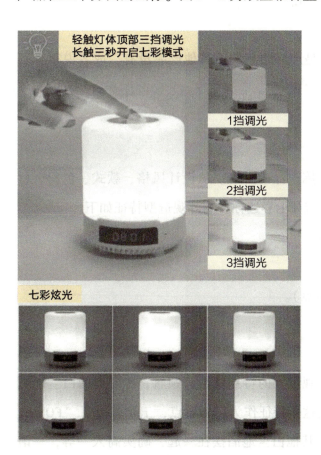

图3-2
欣兰雅舍蓝牙七彩
迷你音响

1. 从产品功能上提炼

根据产品的使用体验，提炼所有功能和特征。

（1）蓝牙连接，听音乐更方便。

（2）可自由切换，接听手机电话（重点）。

（3）配置智能音乐闹钟唤醒功能，LDE 屏时间显示（重点）。

（4）轻触数字，调节音量大小。

（5）触摸灯光，亮度自由调节。多种灯光模式，可作为台灯使用（重点）。

（6）七彩炫光，可以感受七种颜色，七种氛围（重点）。

（7）立体音响，感官体验。

（8）支持 TF 卡音乐插播功能，兼容多种音乐格式，随时播放想听的音乐。

（9）价格便宜，只有 49 元。

……

提炼后，分析哪些功能是产品独有的而其他产品没有，或者说很少有的，就在产品功能后面标注"重点"。

2. 从产品外观上提炼

提炼完功能后，接着提炼产品的外观。从设计风格、款式、色彩、材质和技术等方面。欣兰雅舍蓝牙七彩迷你音响外观造型特征如下。

（1）圆柱形的迷你外观。

（2）现代简约风格。

（3）铝塑和电子屏（重点）。

（4）乳白色。

……

例如，FOV 白兰地酒外观最大的特点就是长颈瓶，比同类的白兰地酒瓶高很多，FOV 白兰地就把这个特征作为广告卖点，于是就有了"FOV 白兰地高人一等"的广告，与其他白兰地酒摆在一起，确实高人一等，一语双关。这就是从产品外观上提炼出来的特征。

3. 从产品性能参数上提炼

提炼完外观，我们再提炼产品性能参数。欣兰雅舍蓝牙七彩迷你音响的性能参数见表3–1。

表3–1　欣兰雅舍蓝牙七彩迷你音响性能参数

产品名称	欣兰雅舍蓝牙七彩迷你音响
输出功率	3W
电池电压	3.7V
充电输入	DC5V 1000mAh
蓝牙频率	2.4~2.48GHz
传输距离	10m
频响范围	50Hz~20kHz
产品尺寸	9.3cm×9.3cm×12.7cm

提炼产品参数的目的是找产品某些性能参数是不是高于竞争对手，是否占有优势，然后找到产品的差异性。比如手机厂商，提高手机的CPU芯片参数，能够作为游戏手机，吸引爱玩游戏的人；提高手机相机的像素参数，能够作为拍照手机，吸引爱拍照的人；提高手机电池容量参数，能够作为越长待机手机，吸引热衷一次充电用一个月的人；提高手机的显示屏参数，能够作为视频手机，吸引爱看电影的人。这样产品就有了与竞争对手的差异性。

三、产品的竞争优势

找到产品自我画像后，再找产品的竞争优势，竞争优势包含以下五个方面。

1. 产品领先

一个企业只有开发出领先于其他企业的产品，才能在市场上独领风骚，占领更多的市场份额。

只要企业率先推出比竞争对手领先的产品，那么这个产品就很容易成为顾客的首选。2007年，手机经过多年的发展，已经成型，每个生产商基本确定了自己的风格。此时苹果手机首开智能先河，为市场带来革命性冲击，使得苹果手机的销售长期占据领先地位，到现在仍是很多消费者心中的最爱。苹果IPad也是2010年率先推出的，至今苹果IPad仍以26.5%的市场份额领跑。市场格局一旦确立，就很难改变。

计算机的硬件系统是由控制器、运算器、存储器、输入设备和输出设备组成。其核心组件是CPU、内存和硬盘。CPU处理器是计算机的心脏，目前市面上主要有两家公司：Intel公司和AMD公司。计算机的CPU是由Intel公司率先开发的，其CPU总比它的竞争对手AMD公司在微处理器上保持六个季度的领先，这就导致人们在购买计算机时首选Intel公司的CPU，而AMD公司要卖掉自己的CPU就必须降价。Intel公司的CPU垄断了80%以上的市场份额，这都是领先性产品带来的优势。

洗发水不管是去屑的、柔顺的，还是营养的，大都是由宝洁公司率先推出的，直到现在消费者一想到去屑洗发水第一反应还是海飞丝，想到柔顺洗发水第一反应还是飘柔，想到营养洗发水第一反应还是潘婷，这三款产品都是各自领域的佼佼者，总计占整个洗发市场60%以上的份额。这就是产品领先性带来的效果。

2. 产品差异化

产品差异化就是企业的产品与市场上同类产品之间存在的差异。

南孚电池在我国为什么卖得好，是因为其性能的差异。一般来说，装有南孚电池的刮胡刀，以每天使用一次，每次两分钟计算，使用寿命在1~2月，而其他电池很少有超过一个月的。为了把这种性能差异可视化，南孚还在电池底部开了两个小孔和一个聚能环，然后告诉消费者：小孔和聚能环能锁住能量避免流失，令电量更持久。以至于消费者买电池就看底部有没有孔和环，有孔和环的才是好电池，才是南孚。很明显这是南孚的差异化策略带来的效果。南孚电池广告如图3-3所示。

对镜贴花黄：产品分析

图 3-3
南孚电池广告

妈妈们都知道宝宝吃奶粉容易上火，上火了，家长就很着急。抓住家长的这个痛点，金领冠企业做了一款金领冠珍护奶粉。这款奶粉能使"宝宝不上火，远离便秘"。凭借这个特点，金领冠奶粉打开了市场。金领冠珍护奶粉广告如图 3-4 所示。

图 3-4
金领冠珍护奶粉广告

仔细观察你的产品，能不能找到和同类产品差异化的特征。

3. 成本领先

如果产品在成本上有优势，那么可以获得价格竞争优势。

前几年，沃尔玛能号称全世界第一大企业，一年营收超 2000 亿美元，就是因为沃尔沃的低成本而带来的价格优势。沃尔玛的成本为什么低，因为它有连续装卸这么一道流程，即原料不落地就上生产线，不落地就成为半成品，不落地就成为成品，产品不落地就开始包装，不落地就能上车发送，进入超市货架，最后产品到消费者手中。想象一下，从原料到消费者手中，经过多少道环节？每个环节都不落地，能节约多少费用？能降低多少成本？这就是沃尔玛成本领先的竞争力。

美国是世界汽车生产大国，有通用、福特、克莱斯勒三大汽车巨头，2021年，日本的丰田汽车竟然能打入美国市场，成为美国市场上销量最好的汽车企业，其最大的优势就是比美国本土车便宜。它运用"及时上线和零库存计划"把成本压得很低。及时上线和零库存计划就是所有的零部件不提前生产存储，当汽车开始生产时，零部件生产商才送货。这样节省了库存成本和库房运到生产线的人力成本。这就是成本优势带来的产品价格优势。

4. 品牌优势

某代工厂生产一双运动鞋的成本在50元左右，贴上某著名品牌的标签后可以卖600~1000元，而且备受欢迎。如果没有这个标签，即使一双售价60元，也未必畅销。某企业生产的塑料杯，售价10元/个，但经一跨国企业贴上标签后，就可以卖60元/个。

差别在哪里？

差别在品牌上。

虽然苹果手机和别的手机相比具有差异化的领先优势，但尚不足以使其价格高于其他品牌的数倍，售价高的原因在于苹果的品牌优势。

一个企业的核心价值，不在于技术，也不在于资源。技术可以被人学到，资源也不可能被某个供应商长期垄断，只有品牌中蕴藏的对客户的深刻理解是别人无法效仿的。因此，如果品牌具有优势，广告就重点宣传品牌。

5. 附加值优势

在超市买牙刷时，你看中的几款牙刷的外形、性能和价格都差不多，正犹豫不知道该选哪一款时，发现其中一款牙刷附赠一小盒牙膏。

这时你会选择哪款呢？你肯定想都不想就做出选择。

面对价值、功能都十分相似的产品，消费者的选择基点就是产品的附加值。因此，赠送附加的产品也是具有一种优势的。当然这个附加的产品对企业来说成本不高，如果成本高，就没有优势了。

对镜贴花黄：产品分析

很多加油站会装洗车房和地磅，然后用加油免费洗车、加油免费过磅来吸引消费者，这等于为车主节省了一笔钱和时间成本，这样的增值服务对于车主来说，具有很大的吸引力，对于加油站来说洗车房和地磅是个固定投资，洗得多，称得多，成本也不会增加很多。

我们再看看 JUNPING（俊平）洁面慕斯，在附加值上其与竞争对手并没有多大优势，因此企业为产品匹配了一个肤质检测小程序，消费者可以免费使用这个肤质检测小程序来检测自己的肤质，这就成为 JUNPING（俊平）洁面慕斯的附加值优势。

以上这些产品的优势，都可以用来吸引消费者。因此要分析产品的优势，找到广告的策划点。

四、FAB 延伸产品的好处

有一款夜拍性能很强的手机，它的宣传广告是这样描述的：大光圈、优质感光元件、有 B 门、夜拍能力超强。

这样的广告描述对消费者来说是无感的。什么是大光圈？大光圈有什么样的好处？什么是优质感光元件？什么是 B 门？夜拍能力强有多强？消费者对此广告根本没有直观的感受。产品说明书上那些晦涩难懂的技术参数、功能指标，普通消费者看不懂，也不愿看，自然就激发不出购买欲望。

因此，找到产品的特征和优势还不够，还要把它转化成让消费者听得懂，看得明的表达方式。

例如，许多年前，日本丰田的雷克萨斯在我国内地市场主要宣传三个优势和特征。

（1）经过真空表面涂膜处理。

（2）装有电脑速度警钟。

（3）采用气垫式避震装置。

大部分消费者对此表示无感，更谈不上激发消费者的购买欲望了，这成为当年雷克萨斯在我国内地市场销量不高的原因之一。广告文案只介绍了雷克萨斯车的三个不同特征,而这三个特征对于消费者来说有什么好处,没有说清楚。

因此,要让消费者有感觉,要能打动消费者,宣传中必须把产品的特征转化为优势,可采用产品的FAB法则。

FAB即Feature(特征)、Advantage(功效)和Benefit(好处)。

特征是产品的功能和特色,这是产品与众不同的地方,也是产品功能强弱和价值高低的标准参数;功效是产品特征能为消费者做什么?益处指的是消费者能从特征中得到什么样的好处。

以雷克萨斯的三个特征为例,把这三个特征转化为功效,延伸出对消费者的好处:

(1)经过真空表面涂膜处理(特征),可以保持轿车干净又光亮如新(功效),节省洗车打蜡的开支(好处)。

(2)装有电脑速度警钟(特征),可以控制驾车的速度(功效),不必担心车速,并且节省罚款的开支(好处)。

(3)采用气垫式避震装置(特征),可以使行车平稳(功效),长途驾车减轻疲倦,而且减少零件损坏(好处)。

广告策划要用产品的FAB法则,现在电商平台上的文案也经常用此法则。当找出产品特征以后,要用FAB法则引申出对消费者的好处。

示范乡村振兴项目

沁州黄小米产品分析

大广赛项目

JUNPING(俊平)洁面慕斯产品分析

以大广赛项目JUNPING(俊平)洁面慕斯产品进行实操示范。

1. 分析JUNPING(俊平)洁面慕斯的三层次

核心产品:温和地清洁脸部皮肤,不伤皮肤。

对镜贴花黄：产品分析

有形产品：发泡型活性剂舒缓脸部疲劳，吹塑泡沫瓶、带喷枪，按压轻松起泡。

附加产品：消费者可以利用俊平肤质检测小程序自行检测皮肤。

2. JUNPING（俊平）洁面慕斯的功效和特征，以及对消费者的好处

JUNPING（俊平）抗疲劳雪莲补水洁面慕斯富含雪莲成分，雪莲被称为"百草之王""药中极品"，用它制作的洁面慕斯有以下功效：

（1）雪莲富含蛋白质和氨基酸，能够调解人体的酸碱平衡，起到缓解肌肤疲劳，使皮肤保持光泽的作用。

（2）雪莲中的多种氨基酸，清洁力强大，淡妆防晒轻松洗。

（3）雪莲中含有多种保湿因子，对皮肤具有补水保湿功能，能使皮肤保持健康状态。

（4）雪莲含有维生素C，可以加速皮肤新陈代谢、除火祛斑、减少皱纹，使皮肤保持光泽。

（5）雪莲可有效地保护皮肤免受紫外线侵害，具有防晒净白功效。

（6）雪莲能抑制皮肤真菌，具有抗炎和组织修复的功效。

（7）天然的雪莲清香，令人身心愉悦。

（8）全天然植物安全配方，坚持零添加，孕婴可用，痘肌无忧，敏皮安心。

（9）按压式泵压包装，轻松按压起泡，云朵状泡沫，一冲即净，非常方便。

……

经典案例赏析

昆明城市形象广告策划思路

昆明是我国最早一批推广旅游形象的城市之一。昆明的某广告公司接到城市推广任务后，开始研究城市特点。

昆明究竟有什么优势，可以长久地支撑这座城市的旅游形象呢？通过挖掘，该公司找到了昆明的22项城市特点：

(1) 昆明是中国少数民族最多的城市。

(2) 昆明有亚洲最好的高尔夫球场。

(3) 昆明是非常好的会议之都。

(4) 昆明是植物王国。

(5) 昆明是动物王国。

(6) 昆明有很好的民族服饰。

(7) 昆明四季如春。

……

通过对这22项城市特点的分析，要找到昆明与其他城市相比的差异性。

如果焦点在少数民族，那么贵阳、乌鲁木齐、拉萨、西宁等城市都有；如果焦点在会议之都，那么威海和珠海也举办过很多会议；如果焦点在动物王国，那么黑龙江的野生动物非常多，吉林的野生动物也不少，四川还有世界级国宝大熊猫；如果焦点在高尔夫球场，深圳、上海、海南等地都有知名的高尔夫球场地……这些特点不是无可替代的。

在这22项城市特点中，该公司发现昆明的气候是其他城市难以企及的，并且不具有复制性。于是该公司把昆明的气候当作焦点。昆明全年平均温度在12~22℃，夏天不会像重庆一样闷热，冬天不会像黑龙江一样寒冷。不管是夏天还是冬天，昆明天气总是那么温和，永远是春暖花开，绿意盎然。这是其他城市无法比拟的。于是该公司提出来"昆明天天是春天"的宣传点。

宣传点确定后，该公司又开始寻找"昆明天天是春天"的支持点。昆明俗称"春城"，这是全国人民都知道的。有了这个支持点，该公司想出了"春天在哪里，昆明天天是春天"的口号。

昆明城市形象广告按这个思路拍了出来，在电视台播出后，来昆明的旅游人数大幅增加。一年后，调查机构显示："是什么理由让你们来昆明？"结果有76%的游客，都是因为看到"昆明天天是春天"这个广告片后来昆明旅游的。

资料来源：李践在《卖好》DVD中提到的案例。

对镜贴花黄：产品分析

课后实践任务

项目的产品分析

1. 请列出你的项目或者产品的所有特征，不少于 10 项。

（1）从产品功能特性上提炼。

（2）从产品外观上提炼。

（3）从产品参数上提炼。

2. 请从以上特征中选出最重要的四项，用 FAB 延伸产品的好处。

3. 列出产品的优势。

要求：

（1）3~5 人一组，结合小组的产品（项目）进行讨论。

（2）每位同学都要积极参与讨论，发表自己的观点。

（3）根据讨论的结果将电子文件或纸质文件上交老师。

（4）每组选派一人上台发言。

一个公司最终能赚多少钱，不是看其有什么高科技，而是看它的竞争对手有多厉害。竞争对手的水平决定了公司的成本，公司超过成本的部分才是能赚的钱。

举个例子：某镇有一个姓胡的老头，开了一家打铁铺，靠打锄头、镰刀、斧头、剪刀等为生。由于小镇只有一家打铁铺，没有竞争对手，因此小镇上的人都会到他这里打农具。他打农具的活多到一天24小时干不完，请问他会不会关心和满足顾客的需求呢？

活多到干不完，哪还顾得上关心顾客有什么需求。

过了几年镇里又来了个姓李的老汉，他在胡老头打铁铺的对面开了一家"李斧头"打铁铺，也是主打斧头、镰刀、锄头、剪刀等农具。由于胡老头服务不够好，不能满足顾客的需求，于是镇上的人都跑到"李斧头"铺子里打造农具，导致胡老头的生意一落千丈。他不得不想办法来吸引顾客，于是胡老头就在门口挂了个铁牌，上面写着"胡一刀"铁铺，这是广告；并大声吆喝"打三巴镰刀，送一把菜刀"，这是广告促销；打完农具后在农具上盖个戳"胡一刀"，这是品牌；打完农具后还给你磨一磨，并且以后用钝了，还可以拿来免费磨，这是售后服务；过去打造的镰刀都是一个模样，现在有方的，有圆的，有弯的，顾客想要什么样的就做什么样的，这是按需定制；过去胡老头苦瓜脸站柜台，现在让漂亮的女儿接待顾客，这是美女营销。

现代广告营销的手段全用上了，没有一个是天然满足顾客需求而存在的，这一切都是因为竞争。因此，产品卖不出去，并不一定是因为没有满足顾客的需求，更多的是因为竞争对手的存在。一件衬衫卖49元利润已经很少了，但在义乌可以做到9.9元包邮；一双皮鞋卖78元已经很便宜了，但在义乌可以做到9.9元包邮；一瓶王老吉300ml卖4元，和其正马上来一个"花一瓶的钱，买两瓶，600ml卖3.5元"，并且最后来一句"做人要大气"。

你强调快，它就强调慢；你强调豪华，它就强调简朴；你强调慢工出细活，它就强调一分钟取件。是竞争对手让你改变。因此，这一章节我们要分析JUNPING（俊平）洁面产品的竞争对手，研究竞争对手的策略，研究竞争对手的营销方法，研究竞争对手的优劣势等。

第四章

龙争虎斗
优胜劣汰：
竞争对手
分析

04

一、三种类型的竞争对手

要研究竞争对手,首先要搞清楚谁是你的竞争对手,竞争对手有哪些?

我用波特五力模型,来分析竞争对手。五力就是五种力量,这五种力量分别为同行业竞争者、潜在的竞争者、替代品竞争者、供应商的讨价还价能力与购买者的议价能力。这五种力量影响现有企业的竞争战略决策。供应商的讨价还价能力与购买者的议价能力能给企业带来压力,但它们不是竞争对手,因此这里不讲这两种力,只讲另外三种力,它们才是企业产品的竞争对手。

1. 同行业竞争者

例如,海飞丝的同行业竞争者是清扬、舒蕾、康王,因为它们都是去头屑的产品,满足同一类顾客需求。消费者买了清扬、舒蕾或康王洗发水,就不会购买海飞丝;同理,可口可乐的同行业竞争者是百事可乐;麦当劳的同行业竞争者是肯德基……像这种满足同样需求、针对同样顾客的产品,都是同行业竞争者。

2. 潜在竞争者

例如,海飞丝洗发产品的潜在竞争对手是做香皂的力士、浪奇、满婷,还有做洗衣粉的立白、白猫、雕牌,及做牙膏的云南白药、高露洁、冷酸灵等。它们做的虽然和海飞丝洗发水有所不同,但都是日化产品,都是洗浴产品，都是冒泡泡的产品。这些产品的生产设备、原材料等都差不多。把洗发水的水分抽去，就可以压缩成为固体的香皂，用机器吹进去空气就变成泡沫的洁面产品了。这些公司就算现在还没做洗发水，但随时可以进入洗发水市场。这就是潜在的竞争者。对于潜在的竞争者，我们要时刻警惕，但不需要重点分析。

3. 替代品竞争者

我们一般认为减肥茶的竞争对手是另一种减肥茶，瘦身内衣不是茶，减肥膏也不是茶，减肥会所更不是茶，所以这些产品不是同类产品，好像不是减肥茶的竞争对手，但它们的功能和减肥茶一样，满足的消费人群一样。当你穿瘦身内衣时，估计你就不会买减肥茶或减肥膏了，因为它们互为替代品。因此，瘦身内衣、减肥膏、减肥会所等就属于减肥茶的替代品竞争者。

不管企业多么大、多么有实力，都很容易被替代品拍在沙滩上。

电灯的出现，使煤油灯被淘汰了；打火机的出现，使火柴被淘汰了；计算器的出现，使算盘被淘汰了；MP3 播放器的出现，使磁带被淘汰了；功能手机的出现，使 BP 机被淘汰了；智能手机的出现，使功能机被淘汰了；数码相机的出现，使胶卷大王柯达被淘汰了。不是同行业竞争者淘汰这些产品，而是替代品的出现让这些产品被淘汰。

我国台湾的康师傅和统一两家方便面企业，从 1992 年竞争到 2015 年，竞争了 20 多年，谁也没有打败谁，双方销量年年增长。现在呢？你饿了，马上在外卖平台点餐，一会儿就送到家，而且还是热的。这时候方便面销量就受到了很大的影响。很明显这些外卖平台成了方便面的替代品竞争者了。

大润发被阿里巴巴收购时，它的创始人说："我战胜了所有对手，却输给了时代。"这个时代指的是什么？请问他输给了谁？

诺基亚的 CEO 在诺基亚被微软收购时说："我们并没有做错什么，但不知为什么，我们输了。"

大润发超市没有被沃尔玛、家乐福打倒，却被网购打倒；诺基亚没有被摩托罗拉、三星打倒，却被智能手机打倒。

所有的这一切源于替代品的出现和竞争。

供应商的讨价还价与购买者的议价能力这里不做详细讨论。

二、找准竞争对手

大多数人认为：做汽水饮料的，一般会把另一个做汽水饮料的当作竞争对手；做槟榔的，一般会把另一个做槟榔的视为自己的"敌人"；做方便面的，会把另一个做方便面的看成竞争对手。

市场真的就是这样的吗？其实不然，做汽水的最大竞争对手，有时候恰恰不是另一个做汽水的，而是可乐和凉茶饮料等公司；做槟榔的最大竞争对手，很可能是做口香糖的；做电子表的最大的竞争对手，也许是做手机的；做香烟的最大竞争对手，也许是做电子游戏的；做方便面最大的竞争对手也许是做外卖的。因为当美团、饿了么把食物直接送到你手上时，方便面就不再"方便"了。一个产品可以被看似无关的产品替代，侵占市场。

从厂家的角度来看，竞争就在于哪个厂家和自己做同样的产品；然而从消费者的角度来看，不是这样的。只要能解决同样的问题，哪怕不是同一种产品，对于消费者来说都是一样的。因为消费者用了这种产品，就不会买另一种产品，那么这几个产品就构成了竞争关系。也就是说，只要满足同一种需要，争夺的是同一类目标消费群体，就是竞争对手。

就像互联网上的 E-mail，它本来和纸质邮件从形态上来说没有什么关系，但自从它出现以后，人们就很少写纸质信了。很明显，如果邮电局再以这样的业务当作自己的经济来源，肯定会倒闭。同样地，奔驰车和桑塔纳，从形态上来说，应该是竞争关系，但从实际上来看，它们不是真正的竞争对手，因为它们的目标消费群并不是同一类人。

真正的竞争对手必须满足以下三点：

(1) 产品都针对同一群顾客。

(2) 满足同一需求，产品可以相互替代。

(3) 同一个价格档次。

不管做什么产品或服务，只要针对的是同一群顾客，满足的是同一种需求，产品和服务可以相互替代，并且处在同一个价格档次，只要满足这几个条件，不管做的是什么产品，都是竞争对手。

所以，微信一定是中国移动短信和语音通话的竞争对手，电子游戏也是香烟和电影的竞争对手。当武汉到广州的飞机票定为480元时，高铁的竞争对手已经不是高铁了，变成飞机了。因此，找竞争对手不仅要看产品形态，而且要看能否满足同一需求，是否同一个目标消费群的产品。

三、对比竞争对手的优劣势

找到了竞争对手，接下来我们用SWOT分析法，即态势分析法进行分析。SWOT分析法是管理学中用于分析企业战略的方法，广告策划中也用它来分析企业的优劣势，以此找到适合企业的广告策略。SWOT中的S是Strengths（优势）、W是Weakness（劣势）、O是Opportunity（机会）、T是Threat（威胁）。这个方法是美国旧金山大学的管理学教授海因茨·韦里克（Heinz Weihrich）在20世纪80年代提出的。

SWOT分析法帮我们分析如何扬长避短、抓住机遇打败对手。实际上，它把企业内部条件和外部市场环境各种因素放在一起综合考虑，进行系统的评价，从而找到最佳的方法。用SWOT分析法首先要了解这个企业的外部环境是好是坏，其次要了解企业自身的优势和不足，再次发现机会和威胁，最后根据企业在市场中所处的地位，找到适合自己的应对策略。

本书不是给企业做战略，而是给企业做广告策划，只需要从竞争对手和消费者需求角度进行SWOT分析。

以VIPABC青少儿英语和竞争对手51Talk青少儿英语为例，进行SWOT分析。VIPABC与51Talk SWOT分析，见表4-1。

表 4-1 VIPABC 与 51Talk SWOT 分析表

SWOT	对比
S 优势	VIPABC 具有品牌优势，品质更让人信任，VIPABC 100% 用欧美系外教，口语更标准
W 劣势	51Talk 一节课 50 元，VIPABC 一节课 150 元，VIPABC 课程价格高，是 51Talk 的 3 倍
O 机会	51Talk 的师资以菲律宾外教为主，而 VIPABC 的师资以欧美系外教为主
T 威胁	51Talk 以"好外教"做宣传语，价格便宜

根据表 4-1 得出结论：VIPABC 的广告策略是重点宣传"北美外教"，来强调语言的正宗和高档感。因为菲律宾外教的英语口音有先天弱势，即使是口音纯正，英语背后的文化差异是菲律宾外教无法逾越的障碍。

要做 SWOT 分析，首先要对产品和竞品做功能、价格、卖点、市场策略等调研，再进行一一对比分析，找到对手的优势和劣势，最后做出有针对性的策略。竞争对手对比分析见表 4-2。

表 4-2 竞争对手对比分析

项目	本品牌产品或服务	行业领导品牌甲的产品或服务	行业领导品牌乙的产品或服务
产品功能			
产品价格			
性能参数			
产品档次			
购买方便性			
顾客满意度			
服务水平			
企业知名度			
品牌信誉度			
广告的有效性			
交货的及时性			
地理位置的优越性			
特别的销售策略的有效性（如赊销和折扣）			
售后服务			
设备			

(续)

项目	本品牌产品或服务	行业领导品牌甲的产品或服务	行业领导品牌乙的产品或服务
销售额			
产品优势			
品牌优势			
价格优势			
附加价值优势			

四、攻击竞争对手的缺陷

用 SWOT 分析法分析完后，接下来就是研究打败竞争对手的策略，吸引消费者购买本企业的产品。这里用 2W 来分析竞争对手，2W 指的是两个什么（What）？

（1）竞争对手做得好的是什么？（What did the competitors do well?）

（2）竞争对手做得不好的是什么？（What did the competitors do badly?）

由于这两个英文句子的首字母都是 W，简称 2W。

举例说明：

英国有家飞马旅行社，它有几艘大船，主要业务是爱琴海群岛旅游。在 20 世纪 90 年代初，由于市场竞争激烈，飞马旅行社艰难度日。当时飞马旅行社最主要的竞争对手有两家：一家是意大利海运公司，另一家是希腊爱琴海公司。如何打败这两家竞争对手，飞马公司采用"2W"来分析竞争对手。

（1）竞争对手做得好的是什么？

意大利海运公司价格非常低；希腊爱琴海公司提供整个地中海的游览服务，带领游客到不同地方看不同的当地表演，感受异国风情。

（2）竞争对手做得不好的是什么？

意大利海运公司将业务定位为运输业务，全程没有导游讲解，游客感受不到当地的风土人情，人货同装，旅游体验非常差。

希腊爱琴海公司虽然船很大，但人也很多，并且没有娱乐项目。许多人跟着一个导游,服务不周到,价格也贵。

飞马公司根据以上分析进行有针对性的产品改进和宣传策略:

(1) 意大利海运公司人货混运;希腊爱琴海公司主打异国风情;飞马旅行社为了在业务上和这两家公司形成差异,瞄准游览希腊群岛的游客,进行度假体验。飞马旅行社将大船卖掉,购入更小、更现代化的船,带领游客度假旅游,并且船上引入娱乐项目,请历史学者向游客解说所游览的每一个岛的历史,体验每个岛的风土人情,品尝每个岛的特色菜肴,根据不同季节的特点给游客选择最佳的航渡路线。从而使游客在这些岛上玩得尽兴。

(2) 广告宣传语:"X公司是便宜的,Y公司是更大的,然而你可与我们一起沉浸在岛群的文化和历史之中,享用本公司35年的群岛导游经验"。

印度本地有一家油漆企业,为了在市场上与立邦漆分一杯羹,于是每天研究立邦漆的操作模式和问题。立邦漆是世界油漆市场的第一名,市场份额在印度也位居第一,它有100多个品种。立邦漆分为几档,每个档次的油漆又分为亚光、半光、全光。

产品创新的源泉是消费者对竞争对手不满意的地方,是竞争对手的缺陷。于是这家企业调查立邦漆的代理商和消费者。总结了自己的品牌与竞争对手立邦漆的差异性:

(1) 立邦漆价格高。

(2) 对于大多数消费者来说,油漆品牌不是第一考量,他们更在意内在的质量。

(3) 对于代理商来说,立邦漆代理门槛高。

(4) 立邦漆品种过多,容易积压库存。

(5) 立邦漆成本高,资金回笼周转慢,资金周期比较长。

印度本地的这家公司,针对以上特点立刻推出了以下应对措施:

(1) 调查出立邦漆最畅销的五种产品,公司只做这五种畅销漆,并且油漆定价比立邦漆便宜1/3。

(2) 宣传策略和广告语:"如果你买这五种漆其中的一种,请买××漆,因为它更便宜;如果你买这五种以外的漆,请你继续买立邦漆"。

通过这种操作，没过几年，该品牌进入印度油漆市场的前三名。

因此，做广告前要利用2W了解竞争对手的优势和不足，只有了解清楚，才知道产品、服务、广告该怎么做，该怎么改进，这样更容易满足消费者的需求。

示范乡村振兴项目

沁州黄小米竞争对手

大广赛项目

JUNPING（俊平）洁面慕斯竞争对手对比分析

继续以大广赛项目"JUNPING（俊平）洁面慕斯"竞争对手对比分析进行实操示范。JUNPING（俊平）洁面慕斯竞争对手对比分析见表4-3。

表4-3　JUNPING（俊平）洁面慕斯竞争对手对比分析

项目	JUNPING（俊平）洁面慕斯	妮维雅云柔盈泡氨基酸洁面产品	珂润（Curel）润漫保湿洁颜泡沫
产品功能	（1）深层清洁 （2）雪莲补水保湿 （3）抗疲劳，使皮肤保持光泽 （4）全天然植物安全配方，不伤皮肤	（1）深层清洁 （2）玻尿酸水润保湿补水 （3）氨基酸温和洁面，质地舒缓	（1）深层清洁 （2）补水，保湿 （3）清洁肤感舒缓不紧绷
产品价格（元）	50~100	50~100	80~100
性能参数	150	150	150
产品档次	中档	中档	中高档
购买方便性	无	商场专柜、家乐福、沃尔玛超市、京东、淘宝、天猫、拼多多等网店	商场专柜、屈臣氏连锁店、京东、淘宝、天猫、拼多多等网店
顾客满意度	无	在京东平台商品评价超过95%	在京东平台商品评价超过95%
服务水平	—		

(续)

项目	JUNPING（俊平）洁面慕斯	妮维雅云柔盈泡氨基酸洁面产品	珂润（Curel）润浸保湿洁颜泡沫
企业知名度	无	知名度高	知名度高
品牌信誉度	无	品牌信誉高	品牌信誉高
地理位置的优越性	—	—	—
特别的销售策略的有效性（如赊销和折扣）	—	—	—
售后服务	—	—	—
设备	—	—	—
销售额	0	—	年销售额2.52亿元
产品优势	（1）雪莲补水保湿 （2）抗疲劳，使皮肤保持光泽 （3）全天然植物安全配方，不伤皮肤	（1）玻尿酸有效改皱纹 （2）携水量大，达到补水嫩肤的效果	（1）弱酸性 （2）无香料、无酒精、无色素 （3）有效对抗肌肤粗糙
品牌优势	中国品牌	德国品牌	日本花王旗下品牌
价格优势	—	—	—
附加价值优势	—	—	—

JUNPING（俊平）洁面慕斯SWOT分析见表4-4。

表4-4 JUNPING（俊平）洁面慕斯SWOT分析

SWOT	分析
S优势	（1）采用全天然植物配方，不伤皮肤 （2）产品成分中的雪莲具有补水保湿功效。雪莲是"百草之王""药中极品"，特别珍贵 （3）抗疲劳，使皮肤保持光泽 （4）创始人方俊平作为美妆护肤领域的头部KOL（Key Opinion Leader，关键意见领袖）
W劣势	（1）品牌知名度低，没有明星代言 （2）缺乏一套完整的体系 （3）缺少购买渠道，便利性差
O机会	（1）进口品牌的洁面产品是根据欧美人和日本人的皮肤特点制作的化妆品 （2）俊平是根据中国人的皮肤特点制作的洁面产品，换句话说俊平的洁面产品更适合中国人的肤质 （3）在国内化妆品逐渐崛起的大环境下，是产品推广的机会
T威胁	花王旗下的珂润润浸保湿洁颜泡沫用明星代言，流量很大，更容易吸引消费者购买

JUNPING（俊平）洁面慕斯 2W 分析见表 4-5。

表 4-5　JUNPING（俊平）洁面慕斯 2W 分析

2W	JUNPING（俊平）洁面慕斯	妮维雅云柔盈泡氨基酸洁面产品	珂润（Curel）润浸保湿洁颜泡沫
做得好的是什么？	全天然植物制作，不伤皮肤，用珍贵的雪莲来补水和抗疲劳	玻尿酸有效改善皱纹；携水量大，达到补水嫩肤的效果；知名度高	产品无香料、无酒精、无色素；有效对抗肌肤粗糙；知名度高、明星代言
做得不好的是什么？	中国消费者更倾向于使用进口产品	产品不属于全天然植物产品，并且是根据欧美人的肤质特点开发的产品	产品不属于全天然植物产品，并且是根据日本人的肤质特点开发的产品

结论和应对措施：

（1）JUNPING（俊平）洁面慕斯使用全天然植物配方，不伤皮肤，用珍贵的雪莲来补水和抗疲劳，能使皮肤保持光泽，这是产品的优势。

（2）对于化妆品来说，消费者更相信进口品牌，但进口的洁面产品更适合欧美人的肤质，而俊平洁面慕斯是根据中国人肤质特点制作的，更适合中国人使用。

因此，产品在宣传上要从以上两个方面来考虑。

经典案例赏析

凯立德汽车导航软件陨落源于替代品的出现

在手机导航软件盛行之前，我们开车用什么导航呢？

答案是凯立德导航软件。

凯立德公司于 1999 年进军地图导航领域，2006 年发布全国第一张"全覆盖"导航电子地图。那时的汽车行业还在蓬勃发展，人们开车出行拥有凯立德导航软件是很被他人羡慕的一件事，因为它能准确地引导用户到达目的地，并且 UI 设计（人机交互、操作逻辑、界面美观的整体设计）等操作也很简洁。因此，当时凯立德导航软件是中国导航软件的第一品牌，占据了车载汽车导航软件的大半份额。

如今，谁还用凯立德导航软件呢？

凯立德导航软件陨落的原因到底是什么？

（1）更先进的导航软件的出现（如高德、百度、腾讯等）。

（2）高德、百度、腾讯等导航软件实时更新，而凯立德导航软件只能一年更新四次。随着国家经济的发展，道路建设也在不断改进，有些地方的道路甚至会以周计算变更。道路信息变更如此迅速，凯立德导航软件一年四次的更新速度显然与此不相适应。互联网化的高德、百度、腾讯等导航软件能更好地应对道路的更新。

（3）凯立德导航软件不能互联网化。凯立德导航软件是个单独产品，地图升级更新非常麻烦。每次升级更新都要把导航卡拿到凯立德公司授权的汽车4S店，并且升级更新耗费几个小时，非常麻烦。

（4）凯立德导航软件采用车载机收费模式。凯立德导航软件每次升级更新都要收费，一年更新四次，交四次费用。当高德、百度、腾讯等导航软件免费为用户提供导航服务时，显然凯立德导航软件就没有市场了。

因此，2015年以后凯立德导航软件就逐渐被后起之秀高德、百度、腾讯等导航软件代替。很明显凯立德导航软件失败是由于出现了更先进的替代品，并且还是免费的。

课后实践任务

竞争对手分析

1. 你的产品或项目的竞争对手有哪些？
2. 请选择你的产品或项目的前两名竞争对手，填表分析，见表4-6。

表4-6 我和竞争对手的比较

项目	我们的产品或服务	竞争对手甲的产品或服务	竞争对手乙的产品或服务
价格合理			
质量可靠			
购买方便性			
顾客满意度			
员工的技术水平			
企业知名度			

(续)

项目	我们的产品或服务	竞争对手甲的产品或服务	竞争对手乙的产品或服务
品牌信誉度			
广告的有效性			
交货的及时性			
地理位置的优越性			
特别的销售策略的有效性（如赊销和折扣）			
售后服务			
设备			
销售额			

3. 根据表4-7中的信息，进行SWOT分析，并得出结论。

表4-7 SWOT分析表

SWOT	分析
S 优势	
W 劣势	
O 机会	
T 威胁	
结论	

4. 请为以上两个竞争产品做2W分析。

表4-8 2W分析表

2W	我们的产品或服务	甲产品或服务	乙产品或服务
做得好的是什么？			
做得不好的是什么？			

结论和应对措施：

要求：

（1）3~5人一组，并结合小组的产品（项目）进行讨论。

（2）每位同学都要积极参与讨论，发表自己的观点。

（3）根据讨论的结果，将电子文件或纸质文件上交老师。

（4）每组选派一人上台发言。

同样的东西，在一些人眼里是非常有用的，在另一些人眼里也许毫无用处。例如，榴莲在喜欢的人眼里果香四溢，在不喜欢的人眼里却臭不可闻；一块砖在建房人眼里是材料，对于不用它的人来说却是建筑垃圾。

产品本身的价值取决于它的效用。（效用是指消费者从消费某种物品中所得到的满足程度。一种商品或服务效用的大小取决于消费者的主观心理评价，由消费者欲望的强度决定。）不同的人对同一产品的效用是不同的：有效用、没效用、效用高和效用低。物品被认为没有效用，它就是废品，就像一条鱼在一个从来不吃鱼的地区，它和一堆杂草没有区别。因此，我们买任何产品都不是买产品本身，准确地说应该是买产品的效用。产品有没有价值，取决于它的目标消费者是谁？

因此，这一章我们要找 JUNPING（俊平）洁面产品的效用最高的人群，这些人叫目标受众，换句话说我们要找 JUNPING（俊平）洁面产品广告的目标受众。

第五章

一个萝卜一个坑：目标受众的选择

一、目标受众

目标受众也叫目标顾客、目标消费者，是一个产品营销活动所针对的目标群体，说得简单一点是指产品服务谁、卖给谁，广告打给谁看。

同样是裙子，款式不同对应的目标受众也不同。基本款的裙子满足女性的基本穿着；公主纱裙体现女性的浪漫情怀；棉麻质长裙体现女性的文艺气质；紧身裙能非常好地拉长腿型，体现女性的成熟与性感；面料昂贵、剪裁考究的礼服满足的是需要参加宴会，体现身份的女性。

可以说产品要想卖得好，就要提前设定好目标受众。例如，这是什么层次的轿车，需要卖给什么层次的消费者，厂家心理要非常清楚。为什么叫大众，为什么叫通用，厂家在起名字的时候就已经告诉消费者它们的目标受众了。大众的目标受众是普通百姓，通用的目标受众也是普通家庭。这就是大众和通用的意思，其目标受众非常清楚。

这也是大众和通用品牌不是主打100万元以上的高档车的原因。名字叫大众，价格怎能让百姓望而却步呢？名字叫通用，通通都适用，怎能让百姓买不起呢？因此，当这些品牌想卖高档车时，就需要换个牌子，于是大众有了奥迪、通用有了凯迪拉克等。

汽车品牌以消费者的"收入"划分顾客，来匹配适合的车，这就是汽车是身份象征的原因。汽车厂商把消费者按收入分为高收入、次高收入、中等收入、次低收入、低收入五个群体。兰博基尼、布加迪威龙和法拉利这些几百万元一辆的汽车是针对高收入群体的；宝马、奔驰、奥迪，这些汽车针对高收入和次高收入群体；本田、丰田、福特、大众等，这些汽车针对中等收入群体；吉利、奇瑞 QQ 等汽车面向次低收入和低收入群体。因此，做广告前必须搞清楚产品的目标受众。

二、好广告只针对它的目标受众

许多人想不通，广告为什么要只针对目标受众呢？针对所有人不是更好吗？

1. 广告媒体有自己的覆盖范围

广告媒体是有一定的覆盖范围和到达人群的。例如，武汉的香港路有许多户外广告，这些户外广告的覆盖范围是香港路周边的居民，再精确一点，周围五公里内的居民。这个户外广告做得再好，也不能指望武昌、汉阳的人成为这块户外广告的目标受众，更别说覆盖山东省、山西省了。

《商界》杂志覆盖的读者是商业人士；《科学》杂志覆盖的读者是科学人士……武汉的《楚天都市报》覆盖的读者是武汉市民，别的省市的人对它兴趣不大；湖北电视台覆盖湖北省的观众，出了湖北看得人就少了。

2. 目标受众的沟通语言和思维不同

几年前，一个很有名的高中老师在武汉的某礼堂给我儿子的班级做公益演讲。这位老师讲得非常好，有深度有见解。于是我问儿子怎么样？他的回答："没意思，听不懂，想睡觉。"到底发生了什么事情，大人和小孩竟然出现这么大的评价差异。

我一直在寻找答案，后来找到了，答案在于沟通。按常人思维，这是名校最好的高中老师，教小学生足够了，应该很受欢迎。其实大家想想小学生的语言和行为和高中生一样吗？这位老师用高中生的语言思维去给小学生演讲，效果可想而知。

广告也一样，广告的实质也是沟通。目标受众不同，其广告语言和思维也不一样。

喝咖啡的人很多，年龄从几岁到几十岁，但不管雀巢还是麦氏咖啡，其广告目标受众都为22~28岁的白领。

因此，我们进行广告策划时，首先要清楚广告针对哪些人。只有提前确定目标受众，才知道应该用什么方式与目标受众沟通，需要使用什么样的典型话术，才能打动目标受众。当你把所有人当作产品的目标受众时，人群画像就是模糊的，反而不知道应该对他们说什么话。这样的广告肯定不会打动人了。

3. 目标受众的促动方式不同

同种类型的产品，性能、功效大致相同，但广告所宣传的内容不同，这是因为产品所针对的消费对象不同，他们被打动的方式是不一样的，当然所说的内容也不同。以牙膏为例，虽然都是清洁牙齿的，但是广告各不相同，这是因为针对的目标受众不同。例如，目标受众是学历不高的人群时，主打特别配方未必有用，反而简单地说防止蛀牙更合适。这就是牙膏广告有的说牙齿洁白，有的说口气芳香，有的说防止蛀牙，有的说是牙医推荐，有的说含有××配方的原因。

卡西欧在2012年推出了一款可变形数码相机。这款相机造型非常好看，颜色粉粉的，最重要的是它有一个超级自拍神器，拥有12级的美颜效果，这在当年是独一无二的。因为2012年还没有美颜软件，手机上的相机也没有美颜效果，而这款相机却有此功能，拍出来的照片效果非常好。尽管相机的价格高达6000元，但依然不能阻挡女性消费者购买的热情，成为当年的销量爆款。图5-1为卡西欧TR150数码相机。

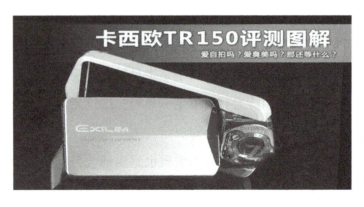

图5-1
卡西欧TR150
数码相机

就是这么一款相机,当年在数码圈里的评价却很低,因为男性通常不需要美颜。他们会先看传感器、像素,再看分辨率、数码变焦……当把这款相机和别的相机数据对比时,谁高谁低就一目了然了。这么低的配置,竟然卖到6000元。这样低的性价比,男性对卡西欧相机评价低也就理所当然了。

卡西欧可变形数码相机在女性面前变成"天堂",在男性面前却销量惨淡。因此,产品有没有效用,效用有多高,取决于它的目标受众是谁。

因此,广告策划首先要确定目标受众,这样才能了解消费者的需求,从而打动他们。卡西欧数码相机和佳能数码相机对比,见表5-1。

表5-1　卡西欧数码相机和佳能数码相机对比表

名称	卡西欧 Ex – TR150	佳能 IXUS 245 HS
传感器尺寸	1/2.3 英寸	1/2.3 英寸
有效素数	1210 万	1610 万
数码变焦	4 倍	5 倍
最高分辨率	4000×3000	4608×3456
处理芯片	—	搭载 DIGIC5
售价	5999 元	1900 元

三、从需求出发找目标受众

维生素糖果可以卖给不同的人,你要找到这个效用对买家来说最高的人,产品才能卖出高价、才能销售好。

有一种价格昂贵的静音马桶,它的最大功能有两点:一是冲水的时候没有声音;二是冲水一次马桶就干净,不像一些普通马桶,冲一次不干净,还需要用刷子刷。这家马桶企业刚开始没有设定目标受众,让静音马桶自然销售,卖了一年销量惨淡。因为对于一般家庭来说,"静音马桶"的这两点功能不值几万元。马桶一次冲水不干净,拿着刷子刷一刷也不费事,有没有声音也不太重要。因此,产品滞销。

后来老板发现有老人的家庭,对静音功能需求特别强烈。因为老人睡觉轻，如果有人半夜上厕所冲马桶，水声会特别响，影响老人的睡眠。这样的家庭对静音马桶需求强烈，静音对他们来说效用大。因此，年轻人买静音马桶回去孝敬爸妈，让他们睡个安稳的好觉，是非常值得的。

最终老板给"静音马桶"找到了目标受众——有老人的家庭，儿女会给老人购买"静音马桶"。言外之意"静音马桶"代表的是儿女的一份孝心！

产品只有找到适合的人群，才能卖出去。因此，要搞清楚产品能够满足哪些需求，有这些需求的人是谁。

四、目标受众画像

要找到目标受众，首先要给目标受众画像，即知道他们的偏好和特征信息。这些偏好和特征信息要从原有的顾客、潜在的顾客身上捕捉。我们可以从淘宝、天猫、拼多多等平台的后台收集，也可以从今日头条、抖音、微信等平台收集，还可以从搜索引擎、专业网站、权威数据库、专业机构、客户企业、会议论坛和竞争对手收集，也可以进行有针对性的市场调查。我们要收集原有顾客和潜在顾客的性别、年龄、地域、受教育程度、职业、收入情况、婚姻状况等，见表5-2。

表5-2 目标受众心理和行为标签表

类型及关系	人群特征填写	参考选项
人群标签		性别、年龄、地域、受教育程度、职业、收入情况、婚姻状况
人群喜好		兴趣爱好、购物喜好、价值观
待满足需求		商品或品牌能够满足人群的哪些需求
使用场景、使用时间		用户使用场景，在什么时候使用和购买该类产品，使用频率

这里的人群标签很重要，通过标签可以知道这是些什么样的人。给目标受众贴标签的目的是满足其需求，并且能吸引目标受众关注。例如，"熬夜党"就是标签，"熬夜党的福音"广告语，会吸引经常熬夜的人注意。

标签一般从目标受众的性别、年龄、职业、收入、受教育程度、地域等个人情况综合判断。

例如,给网上天猫店销售 398 元的真丝衬衫做目标人群画像。

首先思考网上的一件 398 元的真丝衬衫和一件 38 元的仿真丝衬衫的购买人群一样吗?

购买 398 元/件真丝衬衫的消费者应该是已经进入职场多年,有一定的经济基础和社会地位,年龄在 25~35 岁之间;购买 38 元/件仿真丝衬衫的消费者可能是大学生或者是刚毕业不久的人,没有多少钱,但是需要穿比较正式的衣服,年龄在 18~25 岁之间。

天猫店销售的衣服,面对的人群肯定是喜欢网购的人。当然,也不排除因看到商场里的衣服好,所以上网来看看有没有质量、款式差不多,但价格更优惠的替代品。这些人虽然重视性价比,但对衣服材质很看重,品牌知名度不太在乎。目标人群的价值观是:只买对的,不买贵的!这些白领下班后会刷微博、微信、抖音等、平时喜欢去咖啡馆喝咖啡,周末也会和朋友一起看电影、约会,具体分析见表 5-3。

表 5-3 真丝衬衫目标受众的心理和行为标签

类型及关系	人群特征填写	参考选项
人群标签	女,25~35 岁,普通白领,大学毕业,月收 10 000 元左右	性别、年龄、地域、受教育程度、职业、收入情况、婚姻状况
人群喜好	经常刷微博、微信,看电影、泡咖啡馆,信奉只买对的,不买贵的!对品牌知名度不感冒	兴趣爱好、购物喜好、价值观
待满足需求	想要一件材质好,价格合适的衣服	商品或品牌能够满足人群的哪些需求
使用场景,使用时间	上班时候穿,方便搭配,会重复购买	用户使用场景,在什么时候使用和购买该类产品,使用频率

我们再以别克的 SUV 昂科拉和昂科威为例,对这两辆车的目标受众进行对比分析:

别克 SUV 昂科拉(小型 SUV,10 万~20 万元),目标受众:80 后(35 岁左右)。

别克 SUV 昂科威(全能中型 SUV,20 万~30 万元),目标受众:70 后(45 岁左右)。

都是别克的 SUV,同样的造型和外貌,一个小一个大,一个十几万元,一个二十几万元,价格相差 10 万元,一个针对 80 后的目标群体,一个针对 70 后的目标群体。

图 5-2 分别为别克 SUV 昂科拉和昂科威。

别克 SUV 昂科拉　　　　别克 SUV 昂科威

图 5-2
别克 SUV 昂科拉和昂科威

别克 SUV 昂科拉和昂科威对比分析见表 5-4。

表 5-4　别克 SUV 昂科拉和昂科威目标受众心理和行为标签

类型及关系	别克 SUV 昂科拉受众人群特征	别克 SUV 昂科威受众人群特征
人群标签	35 岁左右，80 后职场人士，收入正在逐步增加，有一定的积蓄，但不多；大学文化	男性居多；45 岁左右，70 后事业有成的人；大部分是公司的中高层，有一定经济能力。工资在 20000 元以上，已婚
人群喜好	QQ、微信、微博使用频率很高，闲暇时喜欢看娱乐节目、看电影、听音乐、旅行等；性格张扬；崇尚自由、激情	平时喜欢运动；闲暇时间，看新闻；关注理财、汽车类网站；也会听点音乐；工作经常要出差，会用一些旅行类的 App。
待满足需求	入门级的价格能够买一辆有点个性的车	差不多的价格，买到性能更好的车
使用场景，使用时间	上班和同学聚会用，一直在关注同类的 SUV，对这个价位的各品牌都比较熟悉	上班和谈业务用，一直在关注同类的 SUV，对这个价位的品牌都比较熟悉

总之，作为广告策划者，要提炼出这些信息，细致地描述这些人。描述越细致，广告策划越准确。

五、目标受众的选择原则

企业为什么要选择目标受众呢？

因为企业的产品不是对所有的人群都有吸引力，有的目标人群太小，赚不到钱；有的人群支付能力不行，买不起等。选目标受众应该注意的原则如下。

1. 目标受众是否有支付能力

有一款鞋油 20 多元一支。销售员每天在一个超市门口销售鞋油，从超市每出来一个人，他就主动上前推销，辛苦了几天，销售结果非常不理想。

为什么销售结果不理想呢？因为这个超市旁边有个大学，超市的目标顾客主要是大学生。大学生穿皮鞋的不多，怎么可能买 20 元一支的鞋油呢？很明显，大学生肯定不是这种鞋油的目标受众。

因此，做广告首先要判断目标受众是否有支付能力。

2. 市场规模和频次是否达到足量

不管卖什么产品都要有一定的规模和量，这样企业才能赚到钱。没有一定的量，选择的目标受众就没有任何意义。例如，服饰公司以身高2.2米以上的人作为目标受众，市场规模就太小了。

3. 目标受众能否被界定

假如你的目标受众是第二代北京人。这些人居住地不集中，很难被统计和识别。因为这些人的特征太不明显了，虽然可以结合他们的父母出生地来分析他们是不是第二代北京人，但这种识别不仅费时费力，也没有很大的意义。假如你的目标受众是在校大学生，这个群体就非常好界定和识别。只要弄清楚中国有多少所大学，每个大学有多少人，一下就算出总共有多少人了，并且这个群体非常集中，只要到每个大学去寻找，就可以接触到。这就是许多产品把目标受众设定为大学生的原因。

因此，产品找对适合的目标受众，后期的产品销售就相对比较容易。

示范乡村振兴项目

沁州黄小米目标受众的选择

大广赛项目

JUNPING（俊平）洁面慕斯的目标受众选择

目标受众的选择还是以大广赛项目：JUNPING（俊平）洁面慕斯进行实操示范。

雪莲补水洁面产品的目标受众是哪些人？什么样的人喜欢用洁面产品？用洁面产品最多的人群是哪些？见表5–5。

最后发现17～35岁女性是洁面产品的最大受众人群。

雪莲补水洁面产品与竞争对手最大的差别就是缓解脸部疲劳。

什么人需要抗疲劳？肯定是上班族和学生。他们自由支配的时间少，耗费脑力多，需要抗疲劳产品来缓解压力。因此，雪莲补水洁面产品目标受众为17～35岁的青年人（偏女性），上班族、学生。

表 5-5 JUNPING（俊平）洁面慕斯目标受众心理和行为标签

类型及关系	人群特征	参考选项
人群标签	女，17~35岁的青年人，学生（高中生和大学生）、上班族（办公室白领，年龄22~35岁，月收入6000元左右，工作压力大）	性别、年龄、地域、受教育程度、职业、收入情况、婚姻状况
人群喜好	注重自己的外貌，关注自己的皮肤。大学生和办公室白领喜欢上网聊天交友、刷抖音、看电影、看时尚杂志，喜欢发朋友圈，热衷于网购。看到别人买，也加入购买，有从众心理	兴趣爱好、购物喜好、价值观
待满足需求	洁面产品不但能满足清洁、营养、保护皮肤这些需求，还能缓解皮肤疲劳，使皮肤光彩照人，更容易获得人们的关注，更容易与人交往	商品或品牌能够满足人群的哪些需求
使用场景、使用时间	早上上学、上班前，用产品清洁脸部；晚上睡觉前，用产品清洁脸部；中午累了，用产品清洁脸部，并缓解脸部疲劳。喜欢在背包里放洁面的东西，会重复购买	用户使用场景，在什么时候使用和购买该类产品，使用频率

经典案例赏析

苹果的辉煌是从找到精准的目标受众开始

20世纪80年代末90年代初，苹果产品并不像现在这么畅销，当时的苹果公司正处于摇摇欲坠的阶段。史蒂夫·乔布斯重新回到苹果公司成为总裁，他首先梳理了混乱的产品线，将几百种产品缩减为四种，然后将所有的精力都放在了Power mac G3、Power Book G3、imac、iBook四种型号的计算机上，并且选定学生、教育界人士、创意工作者、商务人员作为这四种计算机的目标受众。

1976年—1997年，教师使用的计算机中有65%是来自苹果品牌。毫无疑问，苹果计算机是教育行业内最大的产品供应商。除了教育类市场，苹果计算机在出版和设计领域，也成为首选。尽管苹果计算机当时只占整个计算机市场7%的份额，但在广告、图形设计、出片和印刷行业所使用的计算机中却占了80%的份额，还有64%的网站用mac计算机制作，许多创意工作者也喜欢用苹果计算机创作。于是乔布斯把这些专业人群作为苹果计算机的首选目标受众，并且分别针对四种不同计算机划分了不同的目标受众。

Power mac G3是专业级台式计算机，使用了Power mac G3处理器，是一种更加强劲的计算机。乔布斯把教育、出版、设计、商务等行业里的专业人士作为这种计算机的目标受众。

Power Book G3是专业级笔记本计算机，乔布斯把商务、教育、出版、设计等行业里的专业人士作为这种计算机的目标受众。

imac 是色彩缤纷、体积小巧的一体机台式计算机，价格便宜，设计时尚，属于消费级台式计算机，目标受众是对价格敏感，但追求时尚的大众消费者。

iBook 是消费级笔记本计算机，也是 PowerBook 的低端时尚版的笔记本计算机，目标受众是对价格敏感，但也追求时尚的大众消费者。

两种台式计算机，两种笔记本计算机。目标市场锁定在中高端，目标受众为大众消费者和专业人士。这就是乔布斯当时为苹果公司做的新产品战略。后来苹果将绝大多数资源都投入这四种产品中，凡是不符合这四种战略的软件、硬件项目，都被砍掉了，就这样苹果计算机高度集中在四个领域。这种专注拯救了苹果，扭转了公司的财务状况。在经历了几年的巨额亏损后，苹果终于在 1998 年实现了 3.09 亿美元的赢利，从此苹果开始走向辉煌。

课后实践任务

目标受众的心理和行为分析

1. 请为你的项目和产品详细地给目标受众画像，见表 5-6。

表 5-6 目标受众心理和行为标签

类型及关系	人群特征	参考选项
人群标签		性别、年龄、地域、受教育程度、职业、收入状况、婚姻状况
人群喜好		兴趣爱好、购物喜好、价值观
待满足需求		商品或品牌能够满足人群的哪些需求
使用场景，使用时间		用户使用场景，在什么时候使用和购买该类产品，使用频率

2. 请给你的产品或项目广告寻找合适的目标受众。
3. 说明选择目标受众的理由。

要求：

（1）3~5 人一组，并结合小组的产品（项目）进行讨论。

（2）每位同学都要积极参与讨论，发表自己的观点。

（3）根据讨论的结果将电子文件或纸质文件上交老师。

（4）每一组选派一人上台发言。

有一个小众手机品牌叫传音，只在非洲市场销售。在非洲市场，传音手机被誉为"非洲手机之王"，三星、苹果、华为、小米等公司加起来在非洲的手机销量都没它多。传音出自中国深圳的一家手机公司，它能在非洲胜出，那是因为传音公司非常了解非洲人的行为和心理，做出了适合非洲人的手机。

（1）非洲人皮肤黑，一般手机拍照效果不好，于是传音对非洲当地人的 6000 张照片进行了调整、分析，开发了针对他们的美颜功能。因此，传音手机拍出的非洲人效果比苹果手机还要好。

（2）非洲人喜欢唱歌跳舞！不管是在田野里，还是在马路上，他们喜欢随着音乐随时随地翩翩起舞。跳舞要音乐，传音就给手机上安装了一个超大音量的扬声器，满足非洲人随时随地跳舞的需要。

（3）非洲人经常一家人用一个手机，传音开发出了非洲人喜欢的四卡四待手机，满足了非洲人一家人的一卡一号的个性化需求。

（4）非洲人喜欢价格低的手机，因此传音只做低价手机，每部手机价格折合人民币 100～400 元。传音根据当地人的喜好把手机的拍照和声音功能做得最好，用拍照和声音这两个功能吸引非洲人购买，芯片、屏幕、内存等其他部件用低价的（因为非洲人不在意这方面），再加上非洲劳动力成本低。虽然传音手机价格低，但还是有利润的，因为其成本低。

传音公司针对非洲人的特点做了这样一款拍照效果好、大音量扬声器、四卡四待的便宜手机。满足了非洲人的需求，吸引了大量的非洲人购买。这是传音成为"非洲手机之王"的主要原因。

因此，正确把握消费者的心理和行为，是广告策划成功的基础与前提。

这一章我们讲 JUNPING（俊平）洁面慕斯目标受众的心理分析。广告说什么会打动目标受众呢？

这就需要我们了解目标受众的动机。

第六章 **找准消费者的心理：广告受众分析**

06

一、受众的消费动机

什么是动机呢？

20世纪初欧洲人第一次到巴厘岛时，发现岛上不仅有美丽的自然风光，而且岛上的村民热爱唱歌、跳舞、会制作手工艺品。岛上的村民参加欧洲的舞蹈表演，其舞蹈被欧洲称为艺术。岛上的村民制作的工艺品，被欧洲人当成艺术品送给贵族。如果只以作品论，村民们的舞蹈水平、音乐水平、工艺品的精致程度，都不可多得，他们都是无可争议的艺术家。问题是这些人不是艺术家，他们都是普通的村民！

一个记者跑到巴厘岛上问村民："你们这么好看的舞蹈，这么精致的艺术品，是从哪里学来的？你们追求一种什么艺术境界呢？"

村民回答："这是我们祖上传下来的手艺。跳舞是驱魔捉鬼的仪式，工艺品是我们给去世的人做的陪葬品。"

现在巴厘岛村民跳的舞蹈虽然是表演给游客看的，做的工艺品虽然是卖给游客的，但在他们心里不是这样想的。他们想的是："这些陪葬品做得不精致不好看，会对我们全家不利。同样，舞蹈跳不好会对整个村子不利。"他们认为只有唱得好、跳得好、制作得好，才能祈福，全家人、全村人才会平安。这就是他们的动机。

动机是指当某个人为了达到某种目的而去完成某件事情时，会产生相应的生理反应，形成一种内在的驱动力，促使其完成这件事情。这是推动人朝着某个方向前进的动力。例如，有的女性为了让自己看起来更漂亮、更苗条，她们会热衷于购买护肤品、减肥茶。

动机研究的任务就是寻找人们行为发生、态度改变背后的心理原因。

因此，要让人做某一件事情，只要把这件事情和他的动机联系起来，他就会心甘情愿地做了。你想让人买你的产品，你只要了解这些人的动机，把产品和动机联系起来，销售就没有问题了。

如何了解一个人的动机呢？我们要从马斯洛的五种需要开始。

二、马斯洛的五种需要

马斯洛的五种需要理论是亚伯拉罕·马斯洛提出并且以他的名字命名的。马斯洛是美国心理学家，第三代心理学的开创者。他把一个人的需要从低到高分成五个层次：生理需要、安全需要、社会需要、尊重需要、自我实现需要。

这五个需要均按照等级依次排列，人们只有在低的需要得到满足之后，才会产生更高一级的需要。图6-1为马斯洛的五种需要模型。

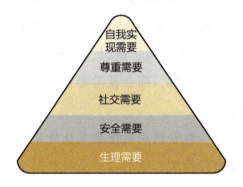

图6-1
马斯洛的五种需要模型

1. 生理需要

生理需要是指人们为了维持自己生存和延续种族的需要，如呼吸、饮食、睡眠等生理需要。这是最基本的生理需要，当这些都没有被满足时，其他几个需要可能会全部消失，或者退居幕后。这就是在战乱年代，当没有饭吃的时候，违法乱纪的人会变多的原因。

2. 安全需要

当生理需要得到了一定程度的满足后，人们就开始考虑周围的环境是不是安全。因此，这时候就希望找到免于威胁的保护。这就是安全需要。

生理需要和安全需要构成了最低层次的需要。

3. 社交需要

当生理需要和安全需要得到满足时，人会开始感到孤独，就想交朋友，这时候就渴望爱与被爱，渴望归属于某一个团体，希望能和别人建立感情，需要友谊和群体的归属感，这就是社交需要。

社交需要也叫情感与归属需要。像结交朋友、追求爱情、同学聚会等表现都是一种情感与归属的需要。什么是归属呢？每个人心中都为自己画了一张画，不管是什么样的，总想办法归为某类人。我是文化人，你是老板，他是足球爱好者……当你把自己归到某类人时，你就会按这类人的样子来消费、布置家庭……用各种各样的方式把自己塑造成这类人的形象。

4. 尊重需要

生活稳定了，家庭有了，朋友有了，我们还希望得到别人的承认和尊重。让别人佩服，自己也感到自信，这就是尊重需要。这里的尊重有两个方面的含义：一是对外让别人尊重，得到别人的认可、赏识、高度评价；二是对内自我自尊，即自尊自爱。要让别人尊重你，那么就需要有一定的荣誉感，就要显示出你在某一领域有所成就。

有些在外地经商的商人每到过年的时候，会安排司机把豪车从外地开回老家，自己坐飞机回去。他们为什么要这样做呢？他们希望全村甚至全镇的人都知道他们这一年干得不错，希望得到别人的赞许和赞美，得到周围人的肯定和尊重。

5. 自我实现需要

当尊重也得到满足后，人们追求实现自己的能力或潜能，并使之完善，使自己成为具有影响力的人。这就是自我实现需要。

这时候人们希望通过某一项技能来显示自己的优越性，这就是有些人要去探险，要去钓鱼，要去集邮等的原因。例如，人们去钓鱼，其实钓回来的鱼比买回同样的鱼还贵，还费时间。为什么还是有许多人喜欢钓鱼？这是因为人有自我实现的需要。

这五种需要中自我实现需要是成长性需要，生理需要、安全需要、社交需要、尊重需要是缺失性需要。这就是马斯洛的需要理论。

三、马斯洛的五种需要在广告中的应用

广告策划如何利用马斯洛的这五种需要呢？

1. 满足生理需要的广告

食物、饮料、衣服广告更多地表现生理需要。食品广告应重点从食物最真实的场景出发，从视觉、听觉、嗅觉、味觉、触觉全面描述食物从五感上带来的体验和感触，可以用夸张手法告诉消费者它有多好吃，然后用极致的拍摄手法让食物看起来美味可口，让消费者看一眼就想吃。

例如，"雪碧"清凉饮料：广告中，在清凉水和晶莹剔透的冰中放着几瓶雪碧，视频里播放"晶晶亮，透心凉"歌曲，众人在沙滩上打完球后，拿起一瓶雪碧，昂起头，咕咚咕咚地喝下去，再用胳膊在嘴上一擦。那个感觉，看得人都倍儿爽！立刻使人在炎热的夏季有了清凉的感觉，产生了想立即去买一瓶喝下去的冲动。

美食广告会用五感把人的机能全部调动起来。

美食广告文案可以这样描述：

土豆牛肉汤被炖到发出咕嘟咕嘟声。

烧肉酱抹在煎肉上的刺啦啦声。

油条在油锅里膨胀的滋啦啦声。

炒饭、虾仁和蛋花在锅里翻腾的沙啦啦声。

嚼碎蒜香肝酱脆面包的咔咔声……

看着这段文字，心中默念，头脑中就会出现烹饪的画面感，想着想着，就很想吃了。

2. 满足安全需要的广告

一般有关防盗门、保健品、保险、汽车、医院、失业、职业病、财产、

建筑工程技术、公共安全等的广告应着重表现其安全需要。人类都有趋利避害的本能，潜意识里保护自己胜过追求满足。研究表明，人们逃避痛苦的动力是追求满足的6倍，换句话说从安全需要方面打广告要比其他满足欲望的广告效果更好。好比买把锁，如果有人说"这把锁很好看"，你估计没有兴趣；如果说"这把锁很便宜"，你估计也没有想要的欲望；如果说"这把锁很牢靠，专业的开锁专家都很难打开"，估计你就想购买了。

宝马汽车广告告诉你开起来多么带劲，奔驰汽车广告告诉你坐起来多么享受，沃尔沃（VOLVO）汽车广告告诉你要"先关爱生命、再享受生活"，这是从安全需要来打广告。

无论是卖一瓶酒，还是卖一瓶饮料、一块香皂，或者一辆汽车，都可以从安全需要方面做广告，利用人们希望安全的心理引导人们消费。

3. 满足社交需要的广告

啤酒、娱乐、休闲、礼品等方面的广告可以表现为社交需要，强调人和人之间的情感交流所能达到的效果。

燕京鲜啤告诉消费者友情在时间、距离、金钱、物质的作用下会变淡。

那感情如何不变淡呢？广告告诉消费者真正的感情是喝出来的。你要和朋友们经常喝燕京啤酒，你们的感情才不会被"氧化"、才不会疏远。广告还告诉消费者"好朋友，如同新鲜的啤酒一样，永远不'氧化'！"，这是从社交需要方面做的广告。

一个电视广告中，事业有成的儿子讲述："如果你问我，这世界上最重要的一部车是什么，那绝不是你在街上看得到的。30年前，我五岁的某一天夜里，突发高烧，村里没有医院，爸爸背着我，穿过山越过水，从村里到医院，爸爸的汗水湿遍了整个肩膀。我觉得这个世界上最重要的一部车是爸爸的肩膀。今天我买了一部车，我第一个想说的是'阿爸，我载你到处看看。'"紧接着一句广告语："中华汽车，永远向爸爸的肩膀看齐！"当你看到这里，你会被这个广告打动。这个广告突出了社交需要中的亲情。

4. 满足尊重需要的广告

高档香烟、高档酒、高档汽车、高档房子、高档服饰、高档生活用品等广告都可以采用表现尊重需要的广告。带有尊重需要的广告表现出了产品地位、声望、成就、独立、赏识等方面的内容。

奔驰汽车广告语"领导时代,驾驭未来"。直接告诉人们,这是领导的时代,只有坐上奔驰车,你才能自信地驾驭未来。这样的广告对追求成功的人士来说,绝对是一种推动力。

房地产广告利用消费者的尊重需要的就更多了。碧桂园地产:给你一个五星级的家;锦尚蓬莱地产:独为天生的尊者所有;香格里拉地产:直接称为白金公馆来彰显尊贵。

5. 满足自我实现需要的广告

自我实现需要是五大需要的最高层次。满足这种需要的广告是一种精神上的鼓励,是对人生的启迪,从而提升产品的档次。例如,耐克的广告语,"想做就做";阿迪达斯的广告语,"没有什么不可能的";李宁的广告语,"一切皆有可能";特步的广告语,"让运动与众不同";锐步的广告语,"我就是我";动感地带的广告语,"活出我自己,我的地盘我做主"。这些都表达了年轻人自我实现的需要。

四、包含多种心理需要的广告

一个产品广告可以包含生理需要,体现安全需要,还可以表达社交需要……比如大米广告,可以诉求生理需要,好吃的香喷喷的大米;可以诉求安全需要,没有打过农药,施农家肥料的大米;可以诉求社交需要,妈妈亲手做的一碗含辛茹苦的大米;还可以诉求尊重需要,尊贵的人吃得起的大米;还可以诉求自我实现需要,想吃就吃,不需要看别人的脸色……

当然有的广告诉求一个需要,有的诉求两个需要,有的甚至诉求三个需要。

广告到底诉求哪个点,关键是看目标受众更关注哪个点,我们会在第七章具体讲述。

例如,当食品安全成了人们生活中非常关心的问题时,食品广告相应地就在生理需要的基础上更多地满足人们对食品安全的需要。

汽车广告不仅要诉求汽车的安全性能，更要诉求其品质、地位，满足消费者被尊重的需要和自我实现的需要。

百事可乐一直以来都是邀请时尚明星代言，宣扬年青、活力、激情、上进精神，突破渴望的广告语更是年轻人自我实现需要的象征。百事可乐广告将生理需要和社交需要、自我实现需要等结合在一起。

注意：低层次需要是先天的，高层次需要是后天的，高层次的需要不是低层次的需要满足以后，才向高层次发展，而是低层次的需要有所满足，高层次的需要就产生。低层次的需要越多，高层次的需要就相对减少。当你饥饿时，给你一张电影票，你肯定不感兴趣。这时你也很少注意别人对你的看法或者是否尊重你（第三、第四需要），甚至对自己周围的空气纯净与否也无所谓（第二需要）。然而，当你拥有足够的食物和水时，下一个需要就会随之产生。

示范乡村振兴项目

沁州黄小米目标受众心理和行为分析

大广赛项目

JUNPING（俊平）洁面慕斯广告受众心理和行为分析

目标受众的心理和行为分析实操，还是以大广赛项目：俊平洁面慕斯为例。

目标受众用洁面产品的行为：早上上学、上班前用产品清洁脸部；晚上睡觉前用产品清洁脸部；中午累了，用产品清洁脸部，并缓解脸部疲劳。喜欢在背包里放洁面产品，会重复购买。

社交需要：爱美是人的天性，但随着生活节奏变快，面对社会上的各种压力和困扰，人们的皮肤就会变干，就会显现憔悴。人们需要经常参加一些社交活动，需要给客户良好的印象，需要充满激情的工作态度。因此，这时人们需要提高自己的交际形象。俊平洁面慕斯能缓解面部疲劳，使皮肤光彩照人，提高气质。

安全需要：随着社会经济的发展，人们的生活水平越来越高，在满足了生存需要后，对洁面品、化妆品和食品等产品的安全性越来越重视。消费者希望使用的洁面产品不会对肌肤产生副作用。纯植物性洁面产品以其不添加任何有害化学成分而赢得广大消费者的信赖和支持。俊平雪莲洁面产品就是纯植物性洁面产品，满足了人们对安全的心理需要。

经典案例赏析

速溶咖啡的消费者心理画像

速溶咖啡是雀巢的一个划时代的发明。过去喝咖啡非常麻烦，要现磨才可以喝，所以速溶咖啡一开始的利益诉求点就是便利——随时随地很方便地喝到一杯咖啡，但是销售结果并不理想。

难道是速溶咖啡的味道不如现磨咖啡吗？在试饮中，大多数人分辨不出两者的味道。这说明，不选速溶咖啡的主要原因并不是味道问题，而是心理因素。

为了找出这个心理因素，研究人员设计出两张几乎相同的购物清单，唯一的区别在于两者上面写了不同的咖啡。然后把清单分给家庭主妇，要求她们评价清单持有人的特征。结果差异非常显著：含速溶咖啡购物单的被绝大多数被访者认为，按照这张购物单买物品的家庭主妇是懒惰、差劲的妻子，并且做不好自己的计划；含有豆制咖啡购物单的被认为是勤俭、称职的妻子。由此可见，当时的妇女有个共识：作为家庭主妇，企图逃避或减轻劳动的行为都不被认同。速溶咖啡之所以受到冷落，问题并不在于咖啡自身，而是家庭主妇不愿让人非议。

资料来源：如何洞察"消费行为"背后的真实需求. https://www.huaihz.com/tid22/tid40_172565.html.

课后实践任务

项目的广告受众心理和行为分析

1. 请分析你的项目或产品的目标受众使用产品或服务的行为。

2. 请分析你的项目或产品的目标受众的消费心理，请从马斯洛的五种需要来分析，分析其是哪个消费层次。

要求：

（1） 3～5人一组，并结合小组的产品（项目）进行讨论。

（2） 每位同学都要积极参与讨论，发表自己的观点。

（3） 根据讨论的结果将电子文件或纸质文件上交老师。

（4） 每一组选派一人上台发言。

有一本外国小说，中文译名叫《牧羊少年奇幻之旅》，是巴西著名作家保罗·科埃略写的，这本小说曾被翻译成68种语言文字，全球发行量超过了6500万册，是超级畅销书。但这本好书，翻译成中文却被我国人民视而不见，销量只有1000多册。图书策划编辑想："如此优质的好书来到中国竟然卖不好，到底是哪里出了问题？"他一直在思考，十几年后，他终于找到了答案。

于是在2009年重新出版的时候，他是这样宣传的：

在巴西，按知名度他与足球并列。

在美国，他是唯一的"二十年畅销外国作家"。

在英国，唯有本书单本销量超过《哈利波特》。

在丹麦，他是唯一的"第二个安徒生"。

在韩国，他是唯一的"新作品必登畅销榜首"的拉美作家。

这样的宣传语，让一本在中国市场不受人欢迎的老书，居然一下子挺进了畅销书排行榜，而且还成了长销书。

冰淇淋的价格通常在5~10元，但哈根达斯冰淇淋竟然在我国卖到50元一根。哈根达斯来自美国，其实它在美国并不受欢迎，销量非常少，卖得也很便宜，3美元一大桶。

这么一个美国品牌，来到中国后，做了一个"爱她就给她吃哈根达斯"的广告，吸引无数中国年轻人花高价购买。既然卖点是爱情，能便宜吗？

从价值层面来说，冰淇淋还是那个冰淇淋，书还是原来的书，但是换了一种说辞，换了一种理由，这些产品竟然开始大卖了，而且还卖出了"黄金价"。

是什么让这些原本不被人待见的产品，变成人见人爱的畅销产品呢？

通过这两个案例，我们可以看出：要畅销必须要找到产品的卖点。这一章节就要根据JUNPING（俊平）洁面慕斯的条件，寻找到JUNPING（俊平）洁面慕斯打动消费者的卖点。

第七章 找产品优势：产品的卖点

一、卖点的概念

卖点是美国营销广告专家罗瑟·瑞夫斯（Rosser Reeves）在 20 世纪 50 年代提出的营销理论，他写了《实效的广告》一书，提出了"独特的销售主张"的广告创意理论。这个理论简称 USP 理论，被我们称为卖点。瑞夫斯的"独特的销售主张"包含三部分内容：

（1）每一个广告都必须向消费者提出一个说辞，这个说辞不只是对产品的吹嘘，也不只是一个虚的广告画面，而是实实在在的利益。

（2）提出的这个销售说辞必须是竞争对手没有提出或无法提出的，并且无论在品牌方面还是在承诺方面都要独具一格。

（3）提出的销售说辞必须有足够的力量吸引众多的消费者。也就是说，销售说辞应该有足够的力量为你的品牌招来新的消费者。瑞夫斯认为，一旦找到"独特的销售说辞"，就必须把这个独特的说辞贯穿整个广告活动，必须在广告活动中的各个环节都加以体现。

卖点说得简单一点儿，其实就是说服消费者购买产品的一个理由，换句话说，你怎么介绍产品来吸引消费者购买。例如，娃哈哈的理由是，"喝了娃哈哈吃饭就是香！"；鲜橙多的理由是，"多喝多漂亮！"。想让孩子吃饭香，多喝娃哈哈，想让自己漂亮多一点，多喝鲜橙多。这就是它们的卖点。所谓理由足，买卖才能好。今天的营销不仅是在推销商品，而且是在向顾客陈述某种理由，当顾客接受了这种理由时，购买动机就会产生。这就是卖点。

找产品优势：产品的卖点

卖点就好像功夫高手压箱底儿的"夺命绝招"或是"独门绝技"。

沃尔玛的卖点：日用商品齐全，一站式购物，便宜。齐全、便宜吸引人们到沃尔玛购物。淘宝卖点：十亿种商品，应有尽有，购物便宜更方便。便宜、方便吸引人们去淘宝购物。

现在苹果公司是全世界500强，可是在30多年前苹果公司还是一个小公司。1983年，苹果公司的创始人史蒂夫·乔布斯为了说服百事可乐公司CEO约翰·斯卡利加入苹果公司，说了一句被后人传颂的话："你是愿意一辈子卖汽水，还是和我们一起改变世界？"

显然，谁能拒绝改变世界呢？很明显，乔布斯的这句话是苹果公司最大的卖点，打动了斯卡利，使其放弃了世界500强百事可乐公司CEO的职位，继而出任苹果公司CEO。

我所在的大学要请一位专家来学校做讲座，宣传海报写一句什么广告文案会吸引学生踊跃报名呢？

例如，请的这位专家吴××，男，汉族，1953年10月出生，四川人，中共党员。以下是吴××的简介：

（1）吴××博士毕业于华中科技大学电子工程专业，博士生导师。

（2）吴××博士全国政协委员，中国科协常委。

（3）吴××航天测控通信领域的专家，中国航天工业部北京遥测技术研究所副所长。

（4）吴××中国航天公益形象大使。

（5）吴××何梁何利基金"科学与技术成就奖"获得者。

（6）吴××中国工程院院士。

（7）吴××中国嫦娥探月航天工程总设计师。

……

根据吴教授的简介，我对学校的大学生进行问卷调查，90%以上的人都选择了"中国嫦娥探月航天工程总设计师"这句。也就是说，它最吸引学生。虽然大部分学生对吴××还比较陌生，但一看到"中国嫦娥探月航天工程总设计师"这句话，就想去听讲座。那么这句话就是这次讲座的卖点。

现在许多培训机构海报打出——省文科状元做你孩子的家教！这里卖点就是"状元"。望子成龙的家长就是冲"状元"这两个字而来的。

因此，广告要告诉消费者选择理由是什么？要想让消费者选择你的产品，你先要回答消费者心中的问题：选择你而不选择竞争对手的理由到底是什么？

二、卖点的重要性

很多企业做广告特别喜欢罗列卖点，觉得好不容易做一次广告，不多准备点内容不够实在。因为站在自我角度："我的产品这么多好处，就想把产品所有的好处都说给大众听，生怕错漏了一点就会失去很多生意。"但这种做法是错误的，会给广告受众带来极大的信息干扰。

1. 卖点是打动消费者的话

当我们介绍某人聪明、有能力、数学学得好、会打篮球、会打乒乓球、会写书、会写文案、会做设计、会做模具、会做工程、会电焊等时。那么请你总结一下这个人到底是什么样的人？

例如，湖北省组建篮球队，会不会请他进省队打篮球；出版社要出版图书会不会找他写作；企业做广告会不会找他写广告创意文案；你的孩子数学不好，会不会找他辅导数学……答案都是不！当你什么都行时，在消费者看来你什么都不行。因为你没有亮点。因此，与其说十句、百句不痛不痒的话，不如说一句话打动消费者的话！

每个人、每个产品都有很多特征、很多特点。卖点就是找最吸引消费者购买的一个点。例如，王老吉的功能特征：快速解渴、提高人体免疫能力、有利于消化、柔润肌肤、去湿生津、清热解毒、清肺润燥、下火消炎……但王老吉广告并没有把这些功能都打出来，每年花几亿元的广告费，只做"怕上火，喝王老吉"的广告。也就是说"下火"是王老吉的卖点。图7-1为王老吉的广告。

找产品优势：产品的卖点

图 7-1
王老吉的广告

2. 卖点会吸引消费者的注意力

做广告首要的目的是吸引消费者注意，然后才是卖东西给他们。如果说注意力是 1，卖东西就是后面的 0。没有前面的 1，后面 0 就没有意义了。

在一个广告中能看到什么、不能看到什么，并非取决于视觉本身，而是取决于观察者想看到什么和不想看到什么。只有触动了消费者自身最关心的点，广告才能具有更大的吸引力。怎么理解这句话呢？

我曾经给学生看过这么一个实验视频。

视频的开头先出现字幕："穿白色衣服的运动员传球几次？"实验视频里有六个人传篮球，分了两队。一队穿着白衣服，一队穿着黑衣服，三个人一队，两个篮球。穿白衣服的三个人传一个球，穿黑衣服的三个人传一个球。两队在传球时交叉走动。（在画面中途有一个人穿着黑猩猩的衣服，走进传球的这六个人中间，捶胸顿足）。观看视频的人带着问题去数穿白衣服的运动员总共传球几次。

学生看完视频后，大部分人说 15 次。当然这不是我们的最终目的，最终目的是问学生在视频中有没有看到一个穿着黑猩猩衣服的人走进这几个运动员中间。

当我问学生有没有看到这个"黑猩猩"时，大部分人说没看到。

学生们能看清楚运动员的传球次数，却对"黑猩猩"视而不见，没有印象。为什么会出现这样的情况呢？

因为在人类大脑中有个注意力过滤器，人的眼睛、鼻子、嘴巴和身体感觉，会把收集到的信息传给这个注意力过滤器。注意力过滤器根据信息的重要程度，再把重要信息传递给大脑，不重要的信息就屏蔽掉。传递给大脑的信息，人们就会关注和记住；没有传递给大脑的信息，人们就不会关注和记住。

这也就是大家对黑猩猩视而不见、没有印象的原因。因为我们的大脑接到的重要任务是看穿白衣服的运动员传球几次，因此大家集中精神看传球次数，自动忽略了不重要的信息。这就是一个注意力过滤器的科学实验。

手机短视频，一天刷出几百个广告！你点进去的有几个，记住了几个，有印象的有几个。你能回答上来吗？

很明显，这些广告没在我们大脑里留下印象。也就是说，我们的大脑把这些广告信息屏蔽了。那么什么样的信息会给消费者留下印象？什么样的信息能被注意力过滤器传递给大脑呢？什么样的信息会被注意力过滤器屏蔽掉呢？

有两大原则：第一大原则是重要性，第二大原则是改变。

我们这里只讲重要性。

例如，酒吧很吵，很难听清楚人们的说话内容。但是如果有人说："地震了"，哪怕声音小，你也能听清楚。为什么？因为这个信息很重要，它会威胁你的生命。当然这里所说的重要并不是事物本身重要，而是对消费者而言很重要。

那么什么事对消费者来说重要呢？那就是消费者最关心的点和事。

我讲一个故事：我有个亲戚住在武汉郊区。每当很晚回家时，妻子和孩子都已经睡着了，他就用钥匙打开房门，悄悄地走进屋。有一天，他又很晚回家，在准备开门时，发现自己的钥匙丢了。他只好按门铃，可是屋内没有动静。他只好敲打卧室的窗户，向他妻子大声喊："开门！开门！"妻子睡得很沉。他停下来想了片刻，然后像小孩子似的说："妈妈！我要尿尿！"他说得很轻，妻子竟然立刻起来了。

为什么？因为对于妈妈来说，孩子起夜对她来说很重要，这是她关心的事情。

卖点是消费者心中最关心的那个点，找卖点也就是从消费者心中找关心点。因此，用卖点来做广告宣传会吸引消费者注意。

三、寻找产品的卖点

到底如何寻找到打动消费者的卖点呢？一般有三个步骤：①将所有的产品特征列出来；②考虑和竞争对手的差别——找产品的独特性；③按照顾客关注度进行排序——找消费者的关心点。下面以美的空调为例。

1．列出产品的所有特征

先把这个产品的所有特征、(功能和属性) 都列出来，如产品的成分、产品的功效、产品的品质，产品的价格和售后服务等。

（1）降温。

（2）升温。

（3）除湿。

（4）净化空气。

（5）换新风。

（6）增加空气负离子的浓度。

（7）声音低。

（8）环保。

（9）变频恒温。

（10）节能、省电。

（11）售后服务好。

……

2．找产品的独特性

同类产品有很多，你的产品的功能特征，竞争对手的产品也有。你的空调能降温，竞争对手的也能降温；你的空调能升温，竞争对手的也能升温；你的空调能除湿，竞争对手的也能除湿……大家都一样，凭什么买你的？因此，卖点还要考虑与竞争对手的差别，要给产品找独特性。

我们来看美的空调与竞争对手的差别有哪些？

①降温；②升温；③除湿；④净化空气；⑤换新风，这5个功能其他空调都有，没有什么差别，因此去掉。

接下来再看，⑥增加空气负离子浓度；⑦声音低；⑧环保；⑨变频恒温；⑩节能省电；⑪售后服务好。

这几点相对来说有点差别，具有一定的独特性。

3．找消费者的关心点

有了独特性还不够，接下来还要找消费者的关心点。消费者的关心点就是对产品及有关的服务所关心的焦点或重点。消费者对这个点不关心不在意，打动消费者就更不可能了。一个产品有很多功能和好处，从企业自身的立场看，产品的各个方面都很重要，都值得宣传，但是对消费者来说，就不是这样了。这个功能和好处也许对他来说更重要，他更感兴趣，另一些功能和好处对他来说可能无关紧要，他不感兴趣。

我们再从余下的美的空调的几点独特点来找，最后调查发现消费者最关心点的排序是：⑩节能省电，⑨变频恒温。

因为到了夏天，一个家庭会开几个空调，一晚上就可能消耗五六十度电，这就等于花了几十元钱。因此，节能省电大家最关心。

再看空调冷暖稳定性。定频空调设定在26℃，温度降到了26℃就停了，只有升温了才开始工作。一会热，一会冷，消费者体验不好。而变频长时间稳定在26℃，当然人们最喜欢了。于是根据这两点，最后得出卖点是：节能效果好。因此美的空调围绕卖点的广告语就成了："一晚低至一度电，美的变频空调想开就开。"图7-2为美的空调广告。

再举个案例：有一种奶粉叫南山奶粉，它刚开始找到的卖点："凉开水一冲即溶"，就是这奶粉用凉开水也能冲开。产品上市后，市场销售很差。问题到底出在哪里？企业一直在寻找这问题的答案。

后来发现消费者对"凉开水一冲即溶"是不关心、不在意的。因为中国人根本就没有用凉开水冲奶粉的习惯。

图7-2
美的空调广告

这样的卖点当然不会使产品大卖，因为宝宝的身体健康最重要，对于奶粉来说消费者最关心的是奶粉的营养成分和安全。因此，奶粉卖营养和安全这两个点，更能打动妈妈们。

就算同一个人，不同的年龄段，担任不同的角色，所关心的内容也是不同的。例如，五岁的女孩和60岁的阿姨关心点是不一样的。对于五岁的女孩来说，妈妈给她买一双鞋子考虑的是舒适和耐穿；当她长成20岁的年轻姑娘，一双鞋子的价值在于时尚的款式和舒适，因此，她买鞋子最关心的是时髦，而不是耐用性，舒适只是次要考虑因素；当这个姑娘成了妈妈，时尚款式就成了次要条件了，她首先考虑的是价格、舒适等。关心点对营销广告来说作用很大，产品的卖点只有切中消费者的关心点，才能打动消费者。

因此，卖点最主要的是找消费者最关心的点和产品独特性的结合点。

四、给卖点找支持点

东风汽车公司宣称："东风卡车拥有顶级的性能……作为行业的领军者，东风在载货和拖车方面超过了其他同类卡车。"但是，人们对此并不买账，而是质疑内容的准确性。

凭什么让消费者相信呢？

因此，找到卖点还不够，还需要找到卖点的理论依据。例如，补钙产品，不是说能补钙消费者就相信了，还要介绍产品为什么能补钙；潘婷洗发水能使头发"健康、亮泽"，广告里强调潘婷洗发水含有维生素 B5 的成分，相关机构证明这种元素具有黑发的功效；海飞丝为什么能去头皮屑？因为它用测试卡证明它的去头皮屑功能。这都是证明卖点的理论依据，是卖点的支持点。

美的空调的"一晚一度电"的支持点是什么？支持这个"一晚一度电"理论的依据就是美的的全直流变频系统，匹配 0.1 精控科技，通过 ECO 按键，将全直流变频空调卓越的性能发挥得淋漓尽致，能精控 8 小时制冷，耗电量仅需一度电。

我们再看燕京鲜啤的案例。前面分析了燕京鲜啤的卖点是真新鲜零氧化。那么怎么证明燕京啤酒是零氧化，即啤酒瓶里没有一点空气呢？

燕京啤酒在广告中告诉消费者两点：①燕京啤酒在发酵时就用控氧机器控制氧气；②整个生产流程都是在真空中进行的。这两点就是它最新鲜零氧化的支持点。

示范乡村振兴项目

沁州黄小米的产品卖点

大广赛项目

JUNPING（俊平）洁面慕斯的卖点

寻找 JUNPING（俊平）雪莲补水洁面慕斯的卖点。首先把前面分析出来的 JUNPING（俊平）洁面慕斯的所有功效再做一个分析：

（1）雪莲富含蛋白质和氨基酸，能够调解人体的酸碱平衡，起到缓解肌肤疲劳，使皮肤保持光泽的作用。

（2）雪莲中的多种氨基酸表面活性剂，清洁力强大，淡妆防晒轻松洗。

（3）雪莲中含有多种保湿因子，对皮肤具有补水保湿功效，能使皮肤保持健康状态。

（4）雪莲含有维生素C，可以加速皮肤新陈代谢，除火祛斑、减少皱纹，使皮肤保持光泽。

（5）雪莲可有效地保护皮肤免受紫外线侵害，具有防晒净白作用。

（6）雪莲能抑制皮肤真菌，具有抗炎和组织修复的功效。

（7）天然的雪莲清香，能令人身心愉悦。

（8）全天然植物安全配方，坚持零添加，孕婴可用，痘肌无忧，敏皮安心。

（9）按压式的泵压包装，轻松按压起泡，云朵状泡沫，一冲即净，非常方便。

……

这么多卖点，哪一点更容易打动消费者呢？我们逐一进行分析：

（2）清洁、（3）保湿、（9）按压式的泵压包装，这三点是所有洁面产品的标配。

（4）、（5）美白和祛皱功效，行业内美白有韩后、茶蕊、索芙特木瓜白肤、妮维雅美白等；祛皱有悦木之源、艾丽嘉妍瓷肌焕采、宝拉珍选抗皱，还有最有名的SK－II全效活肤等，JUNPING（俊平）洁面慕斯没有优势。

（8）全天然植物安全配方，佰草集和相宜草本等都是天然植物配方，针对这些品牌，JUNPING（俊平）洁面慕斯更没有优势。

（6）治疗皮肤真菌功效，我们的产品是洗面奶，一洗就冲掉了，治疗疾病效果甚微。

（7）天然的雪莲清香，能令人身心愉悦，其他香料都可以让人身心愉悦，没有特色。

最后我们发现只有第（1）点，没有竞争对手，并且最吸引人。因此，我们把第（1）点作为产品的卖点。再加上为了体现产品材料的特色，我们把卖点提炼成：抗疲劳雪莲补水。

经典案例赏析

依云矿泉水凭什么比高档牛奶贵

依云矿泉水价格很高，一瓶卖到十几元。凭什么？

因为依云卖的不仅是来自阿尔卑斯山的天然好水，还是一种文化。依云利用了一个他人无法复制的故事，阐述了产品的贵族气质。

依云矿泉水广告塑造了四个独特性，包含三个物质层面的，1个精神层面的。

（1）依云矿泉水来自法国阿尔卑斯山的山头，天然好水。

（2）每滴依云水都来自阿尔卑斯山头的积雪，每滴依云水都经过15年时间的天然过滤。这是其他产品无法替代的。

（3）每一瓶水都在法国阿尔卑斯山脚下进行瓶装，并且每天进行300次取样化验，以确保每一瓶水的水质都一样纯净。这就是依云物质层面的独特性。

（4）依云拥有一个难以复制的传奇故事和文化，这是精神层面的。

1789年夏，法国正处于大革命的惊涛骇浪中，一个法国贵族患上了肾结石。当时流行喝矿泉水，他决定试一试。一天，当他散步到附近的依云小镇时，取了一些源自一名绅士花园的泉水。饮用了一段时间，他惊奇地发现自己的病奇迹般地痊愈了。这件奇闻迅速传开，专家们就此专门做了分析并且证明了依云水的疗效。此后，大量的人群涌到了依云小镇，亲自体验依云水的神奇，医生们更是将它列入药方。这位绅士决定将他的泉水用篱笆围起来，并开始包装、出售依云水。拿破仑三世（即路易·拿破仑·波拿巴）及其皇后对依云镇的矿泉水更是情有独钟，并且在1864年正式赐名其为依云小镇（evian来源于拉丁文，本意就是水）。这里生产的矿泉水当然叫依云矿泉水。这就是依云矿泉水的由来。

依云矿泉水经过包装，就成了水中的"贵族"。可以说依云矿泉水是因为其背后的文化底蕴使其身价倍增。消费者喝依云，喝的是依云的故事，喝的是依云的文化，喝的是依云带来的身份象征。消费者可以和身边的人炫耀："我喝的是法国皇帝拿破仑三世喝过的水，这就如同和法国皇帝同饮一口井里的水，身价也拔高很多。"

依云矿泉水一瓶可以卖到十几元，全球 120 多个国家和地区都可以接受这种价格。这是源于依云具有独一无二、难以复制的卖点。

课后实践任务

找产品的卖点

1. 请为你的产品（项目）寻找产品的卖点。
2. 产品（项目）的卖点给消费者带来的好处（利益）是什么？
3. 产品（项目）卖点的独特性（与竞争对手的差异）是什么？
4. 产品（项目）卖点的理论依据是什么？
5. 消费者对产品（项目）的关心点是什么？

要求：

（1）3~5 人一组，并结合小组的产品（项目）进行讨论。
（2）每位同学都要积极参与讨论，发表自己的观点。
（3）根据讨论的结果将电子文件或纸质文件上交老师。
（4）每一组选派一人上台发言。

在中国轿车市场有这么一句话,"开宝马,坐奔驰,安全就开沃尔沃"。意思是:"你想自己开车体验速度的快感,那么就买宝马,因为宝马开起来最带劲,它最好的设施都安装在前排开车的那个座位上;你想体验坐车的舒服,那么买奔驰,因为奔驰坐起来最舒服,它最好的设施安排在后排座位。"很明显宝马定位为开高档车,奔驰定位为坐高档车。

开车和坐车被宝马、奔驰占位了,那沃尔沃该怎么定位呢?

沃尔沃告诉消费者:"要先关爱生命,再享受生活。"沃尔沃是最关爱生命的车,因为沃尔沃是全世界最安全的车,是"汽车中的坦克",并且围绕安全做了许多撞车实验,以证明沃尔沃轿车的安全性。很明显沃尔沃轿车定位于最安全的高档轿车。

这就是高档轿车的产品定位。每种车有每种车的定位,每种产品有每种产品的定位,每个店铺有每个店铺的定位,每个人有每个人的定位……给产品定位目的就是希望使产品广告在信息的丛林中脱颖而出,并打动消费者来购买。

第八章 做正确的决策：广告定位

一、定位的概念

定位是种营销观念,是1972年美国的艾·里斯(Al Rries)和杰克·特劳特(Jack Trout)提出的营销理论。这个理论深深地影响着一代又一代营销人和广告人。

什么是定位,简而言之,就是利用广告抢先传播某一事物的某一特质在消费者心中形成的印象。产品定位就是企业利用广告抢先传播产品某一特质在消费者心中形成的印象。例如,霸王洗发水在消费者心中的印象是防脱,这是因为霸王国际控股有限公司抢先把"防脱"特质通过各种广告传播给消费者,久而久之在消费者心中形成霸王洗发水"防脱"的印象,霸王就定位为防脱洗发水了。这种方法,实际上是帮助消费者在商品信息过度充斥的社会对信息进行简单化处理,从而减少信息搜索成本,降低购买决策过程中由于信息超载引起的决策风险。

定位概念里包含以下两层意思。

1. 定位要留下什么印象

一旦定位成功,当消费者面临某一需要解决的特定问题时,就会自动想到这个产品。例如,海飞丝给我们留下的印象是去头皮屑,百度给我们留下的印象是搜索不解的问题,抖音给我们留下的印象是短视频,蓝翔给我们留下的印象是挖掘技术强。因此,当有头皮屑时,我们首先想到海飞丝;当有不解的问题时,我们会去百度搜索;当想看短视频时,我们会打开抖音;当想学挖掘机技术时,我们会去山东蓝翔。有这么一句话:挖掘技术哪家强?中国山东找蓝翔!这些都是印象造成的。

印象就是市场，印象就是消费者选择产品的范围。产品在消费者心中留下什么印象，消费者就会购买有什么印象的产品。百度是中国的大公司，曾在 2008 年投了很多钱，做了一个电子商务网站——有啊！可不到 3 年就倒闭了。茅台酒厂以前也出了一款茅台啤酒，产品卖了几年也不做了。58 同城在自己的网站加了婚介，虽然是免费的，但还是很少人来 58 同城找对象。这 3 家企业在中国要品牌有品牌，要资金有资金，要流量有流量，为什么消费者不买账呢？

因为，百度给消费者的印象是搜索，淘宝给消费者的印象是电子商务。你会去做搜索的企业买东西吗？同样，茅台给消费者的印象是高档白酒，青岛产的酒给消费者的印象是啤酒。你会去卖白酒的企业买啤酒吗？同样世纪佳缘给消费者的印象是找对象，58 同城给消费者的印象是二手产品、二手信息。

这些都是定位造成的结果。不要以为消费者买一件东西，就会买这个品牌的所有东西。

2. 定位要有差异点

在信息爆炸时代，消费者面对那么多品牌，选择你的品牌而不选择竞争对手的品牌的理由是什么？你的产品要有差异化。当消费者有这方面需求时，就会想到购买这个品牌的产品。

苹果发明了划时代的智能手机，成为高档时尚智能手机的代名词；小米是性价比很高的手机；OPPO 是拍照手机；VIVO 是音乐手机；朵唯是安全防狼手机；金立是续航手机。这些差异点的塑造，使产品有了明确的定位。最终，时尚人士用苹果，经济人士用小米，爱拍照的人用 OPPO，喜欢音乐的人用 VIVO，注重安全隐私的人用朵唯……

宝洁旗下有海飞丝、飘柔、潘婷、沙宣四大品牌洗发水，虽然都是洗发水，为了避免四个产品有交叉，宝洁给它们做了不同的定位，找了差异点。海飞丝负责去头屑；飘柔负责头发柔顺；潘婷负责头发"健康营养"不分叉；沙宣负责更专业的美发、护发。这些差异点的塑造，使消费者该用哪种品牌，一目了然。

二、定位的原因

湖南人很喜欢的连锁餐馆有两个：一个是费大厨辣椒炒肉，另一个是炊烟时代小炒黄牛肉。这两家是湖南非常有名的餐馆，它们的身影出现在湖南，甚至全国的各大商业广场。为什么费大厨和炊烟时代如此受欢迎？

因为，费大厨定位辣椒炒肉，炊烟时代定位小炒黄牛肉，并且在品牌名称上就锁定招牌菜"费大厨辣椒炒肉""炊烟时代小炒黄牛肉"，更有指向意义——用户要想吃辣椒炒肉，就去费大厨；要想吃小炒黄牛肉，就去炊烟时代。

产品和人只要被定位，就具有指向意义，有了指向就容易留下印象，有了印象就有了卖点，有了卖点，就会引起人们的注意，有了注意，就能吸引有这方面需求的顾客。

定位的终极目标就是将产品品牌留在消费者心中，在消费者心中完成"注册"。如果产品不能在消费者的心中完成"注册"，就不能在消费者心中留下印象，那么消费者就不会记住、想到、信任，更不会购买。

要占领消费者的心智空间完成"注册"，不是那么容易的，因为心智空间有限。

根据哈佛大学的心理学家乔治·米勒博士的研究，消费者的心智空间有限，一般只能容得下一个品类不超过七个品牌，换句话说，一个行业一个品类，消费者最多能够记住七个品牌，而且七个品牌当中，最重要的是第一领导品牌。行业第一品牌在消费者心智中占据了40%的空间，第二品牌在消费者心智中占据了20%的空间，排序越往后的品牌占人脑的空间越少，这也就是说，人脑对排序越靠后的品牌记忆越模糊，直到没有印象。

例如，在消费者心中海飞丝等于去头屑，喜之郎等于果冻，吉列等于剃须刀，绿箭等于口香糖，格兰仕等于微波炉，格力等于空调……

因此，现在的商业竞争已经演变为"心智资源的争夺"，"战场"由市场转向消费者的心智，"战争"的前线在消费者心中。每个成功的品牌都应该在消费者心中建立独特的定位。产品能不能卖得掉，关键是消费者心中有没有这个产品。

定位使自己的产品与众多的产品区分开,然后使产品直接进入消费者心中,使产品排到行业品牌的前七位。只有定位,才会有客户。

三、从两个方面定位产品

产品定位要从两个方面进行:一是市场定位,二是功用定位。这两个方面的顺序可以改变。

1. 市场定位

市场定位更准确地说叫作目标市场定位。企业为自己的产品选择某个范围内的特定消费者,即企业为产品选择目标消费者或目标消费者市场,也就是产品卖给谁。

虽然喝橙汁的人中有老人、中年人、青年人、儿童,但是女青年才是它的主要消费者。统一鲜橙多的广告主要围绕女青年这一目标市场来展开。广告语为"多C多漂亮",因为年青女性更在意形象,想漂亮就多喝鲜橙多,喝多了橙子补充了维生素C当然就漂亮了。这就是它的逻辑,而这一逻辑都是围绕青年女性展开的。

产品都有适合的人群。例如,高钙牛奶更适合老人,低脂牛奶更适合爱美的女士,补锌牛奶更适合小孩。企业认为自己的产品可以老少皆宜,这是大忌。市场定位错了,产品很容易失败。例如,娃哈哈给消费者的感觉是定位儿童产品,当它推出"老人燕窝饮料"时,无论广告如何诉求,都不会被市场接受。毕竟概念上有很大的冲突。

最近几年艺考火爆,高考美术类图书销量很好。于是有些出版社找中央美院的名家出版素描书来迎合市场需求。书的内容和质量都非常好,每一张素描图片都画得精细逼真,绘画水平非常高。

我的一个朋友是普通的美术老师,也出版了静物素描书。

按道理说中央美术学院的这些名家比我的朋友名气大,绘画专业水平高,他们的图书更受欢迎才对,但事实却相反,这几位名家的素描书在市场上销售并不理想,而我的这位朋友的静物素描书却畅销,累积销售量已经超过了360万册。为什么会这样呢?

原因在于市场定位。

我的这位朋友的图书市场定位非常准确,他的素描书的目标消费群是上百万的美术高考生,这些高考生大部分是初学者。为了满足这些初学者的需求,他将自己作画的步骤进行详细的分解,如如何画形,如何画结构,如何上调子,如何刻画细部,最后如何统一整体色调等,每个步骤讲解得简洁明了。初学者一看就懂,很容易学会。他针对不同水平的学生出版了不同层次的素描书。不管什么水平的学生,都能找到适合他的静物素描书。这种系列书对于初学者来说是非常适合的,销售当然好。

虽然中央美院的名家素描书水平很高,但是画作水平太高,会让初学者望而却步。很明显这几位名家的素描书不适合初学者,更适合专业的人学习和观看,但是专业的画者又有多少会去买这种绘画基础的素描书呢?很明显市场定位不准。

明明是卖给孩子的食品,你却想拉一批老人来吃;明明是针对初学者的事物,你却要搞一些高深莫测的东西;明明是面向大众的东西,你却希望吸引高档次的人,这叫市场定位不明。如果你想让每个人都打得起高尔夫球,那么企业家就会逃离高尔夫球场;如果想让西餐厅像大排档一样成为平民消费,那么社会精英就会远离……企图讨好每一个人,就可能什么人都吸引不到。

因此,市场定位必须明确。就像娃哈哈只针对儿童,西洋参只针对老人,奔驰车只针对高消费群体。你要让每个产品,每个人各就各位。

2. 功用定位

功用即功能和用途,是指产品主要做什么,能满足顾客什么需求。例如枸杞,可以煲汤、炒菜、泡茶、入药等。煲汤和炒菜定位为调料,泡茶定位为茶,入药定位为药材。虽然都是枸杞,但定位为调料,就要去菜市场卖,价格一两三元;定位为茶叶,就要去茶市场销售,价格一两六元;定位为药材,就要放在药店销售,价格一两十几元。

功用定位不同,给消费者的感觉以及市场价值就不同。

在各大商场,我们都可以看到一个叫现榨橙汁的机器。投币后,机器开始榨橙汁。其实,这个机器,放进去苹果,可以榨出苹果汁;放进去梨,可以榨出梨汁……但这个机器上面印着5个橙子,而不是梨,这就是它的

做正确的决策：广告定位

功用定位。

许多人会问，为什么只榨橙子而不把苹果、梨、橙子一起榨呢？

因为公司调查发现：在苹果、梨、橙子等各种水果中，60%的人会选择橙子。换句话说，如果定位于苹果等其他水果，市场占有率加起来不会超过40%。因此，功用定位选择很重要。

抖音火山版的功能定位是生活短视频创作分享平台，市场定位是中青年群体，现在也扩展到全民。因此，它的产品定位就是一个全民生活短视频创作分享平台。

西瓜视频的功能定位是一款个性化推荐的视频分享平台，市场定位是中青年群体。因此，西瓜视频的产品定位是一款中青年群体的个性化引荐的聚合类短视频平台。

快手的功能定位是记录生活的短视频社交平台，市场定位主要针对中青年群体，偏三四线农村，现在扩展到全民。快手的产品定位是记录全民生活的短视频社交平台。

四、广告定位

一个产品有许多功效，脑白金产品有促进睡眠、通便、强肝明目、延缓衰老等功能……如果脑白金广告定位所有功效，那就难以引起消费者足够的注意，更难以促成消费者购买，因为消费者对这种"包治百病"的"灵丹妙药"早已不再相信了。脑白金每年花几亿元的广告费，只说"送礼"这一点。这就是脑白金的广告定位。图8-1为脑白金广告。

图8-1
脑白金广告

广告人根据目标受众对产品属性的重视程度，为产品塑造某一特质，希望在消费者心目中留下深刻的印象。这就是广告定位广告定位的关键词包括属性、重视程度、特质、印象、宣传方法。

例如，农夫山泉水中含有钾、钙、钠、镁、偏硅酸等人体所需的矿物质；农夫山泉的pH值呈弱碱性，有利于人体长期饮用；农夫山泉的品质是"农夫山泉有点甜"；农夫山泉的类别是"天然矿泉水"；农夫山泉从包装上的定位是"塑料瓶"，从价格上来看，定价比较低……

农夫山泉的广告没说矿物质，没说pH值，没说价格低，没说包装，只是根据消费者对"水源"的重视程度，强调其是"天然矿泉水"，并且还为农夫山泉塑造了"有点甜的天然矿泉水"这一特质。农夫山泉用各种媒体传播"农夫山泉有点甜，并且是天然矿泉水"的广告。广告每天传播，在消费者心中留下很深的印象，以至于消费者想喝有点甜的矿泉水，就想到农夫山泉。图8-2为农夫山泉的广告。

图8-2
农夫山泉的广告

广告定位定哪一点？我们来看广告定位定义里的第一句话：根据目标受众对产品属性的重视程度，即目标受众最重视最关心哪一点，我们就重点宣传哪一点！

例如，飞鹤奶粉广告宣传："飞鹤奶粉奶源位于中国黑龙江北纬47°的黄金奶源带。"广告介绍：北纬47°是全世界最好的奶源带，这个纬度的昼夜温差比较大，草蛋白质含量高，奶牛吃了这种草后产的奶营养高。这些内容具有很大的竞争优势。

但是对于普通消费者来说，北纬47°的黄金奶源带很重要吗？有价值吗？消费者关心这个吗？

定位理论要利用的是消费者的常识。消费者的常识就是：中国奶源带最好的地方是内蒙古大草原，蓝蓝的天上白云飘，白云底下马儿跑。

消费者过去喜欢买多美滋、美赞臣、雅培和惠氏四大国际品牌的奶粉，是因为他们认为这四大品牌的生产地荷兰、新西兰、爱尔兰和美国的奶源更好，并且相对安全。

因此，飞鹤用大量广告篇幅来讲北纬47°黄金奶源带，消费者却不为所动。因为它远离了消费者的认知。

怎样才能吸引消费者购买呢？

既然是国际品牌，那么是按欧美人体质做的奶粉，中国人喝适合欧美人体质的奶粉，显然不是最适合的。什么奶粉是按中国人体质做的呢？当然是飞鹤奶粉了。

于是飞鹤奶粉广告定位就成了"更适合中国宝宝体质的奶粉"，这句话一下子抓住了中国妈妈的心。

奶粉还是那个品牌，只是广告定位不同，就产生了不一样的效果。很明显广告只是与消费者沟通的一种方式，广告定位其实也是一种沟通定位，用消费者能接受的语言，把广告定位"植入"消费者心中。

五、广告定位的方法

不管什么行业，产品在市场中不外乎两种角色：要么是市场的领导者，要么就是市场的后进者。针对这两种不同的角色，分别推出了领导者定位策略、后进者定位策略。领导者定位策略有两种，后进者定位策略有3种。

1. 领导者定位策略

世界海拔最高的山峰叫什么？几乎所有人都知道是珠穆朗玛峰。那么世界第二高峰叫什么？大部分人回答不上来。

世界第二高峰叫乔戈里峰，在我国新疆塔喀什地区什库尔干塔吉克自治县，海拔8611米，仅比珠穆朗玛峰低200多米，但知名度不及第一高峰的万分之一。

成为行业的第一胜过做得更好。只要是第一，人们就认可，消费者就能记住，就有了卖点。有了卖点，就会吸引有这方面需求的消费者主动购买。为什么会这样呢？因为第一对人具有很大的诱惑力，人们对第一更感兴趣，是一种本能。

德国行为学家海因罗特发现一种现象：刚刚破壳而出的小鹅，会本能地跟在它第一眼看到的"母亲"后面。如果它第一眼看到的不是母鹅，而是狗。它会认为狗是它妈妈，会自动地跟着狗。更重要的是，一旦这小鹅形成这种反应，以后很难改过来。这种现象被称为"印刻效应"。这种现象存在于所有动物中，人也有类似情况。这种现象的结果是：只认第一，无视第二。

在我国市场，茅台是第一种高档白酒；中华是第一种高档香烟；康师傅是第一个进中国的方便面；汇源是第一种纯果汁饮料；金龙鱼是第一个调和油品牌；百度是第一个搜索引擎；阿里巴巴是第一个电子商务品牌……这些品牌到现在都仍然占据各行业领域的第一，这就是第一的威力。因此，第一种广告定位的方法如下。

（1）用第一江湖位置来定位自己。

作为市场的领导者，本身就具有许多方面的第一，也许是销售量第一，也许是规模第一，也许是质量第一，也许是产品第一个进入市场……这些通常都会用领导者定位。利用第一的位置定位本身就会构成"护城河"，因为消费者更愿意从众买第一，投资人也喜欢投资第一，甚至在一级和二级资本市场也会买第一。

既然第一可以带来这么好的市场效果，那么在定位和营销的时候，就要充分利用行业第一的位置来定位自己。当然现在广告法不允许广告中出现"第一"的关键词，但我国的语言词汇博大精深，想要表达"第一"太容易了。你可以说首位、首屈一指等。

例如，奔驰强调自己是汽车的发明者来显示产品实力和行业第一的领导地位；可口可乐强调是可乐的发明者和"正宗"。这些都是产品第一的信号。

超威电池的广告宣传："全国每卖10辆电动车，7辆配超威电池。"同样在表达自己是第一。这句话比说超威的技术多么先进、超威的蓄电多么长、超威的充电多么快等更能打动人心。

（2）抢占第一印象来定位。

市场竞争处于群龙无首的混战状态，在消费者也不知道行业第一是谁时，需要当机立断抢占消费者的第一印象，把产品塑造成这个领域的第一。

瓜子和人人车都是做二手车汽车网站的，人人车比瓜子做得早，但现在瓜子的知名度更高。为什么会这样呢？

当时二手车市场还没有领导品牌，而瓜子用一句"买卖二手车上瓜子网，没有中间商赚差价"的广告语打开市场。每天打广告，每天说，时间久了消费者就记住了。你问司机去哪里买二手车，司机脱口而出瓜子网。久而久之瓜子网二手车就成为行业第一了。

产品抢先进入顾客心中，要远胜于产品抢先进入市场。因此，在定位的时候，力争使自己的品牌第一个进入消费者的心中，抢占消费者心中第一的印象。

定位是一种抢先占位的思想，谁先说谁先占位，如喜之郎说："果冻我就吃喜之郎。"如果这时候旺旺也说：果冻就吃旺旺，旺旺成功的概率微乎其微。消费者只会认可第一个先说的喜之郎。

2. 后进者定位策略

如果你的产品不是领导者，那么它就属于后进者，这时就要用后进者来定位。后进者定位，是在领导者的身上找到领导者尚未满足顾客需求上的"空白"，自己填补这个空白。这里的"空白"可以是产品性能、尺寸、价格和服务品质等所有可能的机会点。

（1）创造第一的细分品类来定位。

世界最高峰珠穆朗玛峰我们都知道，世界第二的乔戈里峰大部分人不知道。我们该如何策划乔戈里峰让其名扬天下呢？

方法只有一个：创造细分市场的第一，这样使你成为第一的新品类。怎么理解呢？比如世界上第一个在太空行走的人尤里·阿列克谢耶维奇·加加林名扬天下，第二个、第三个在太空行走的人鲜有人知。但中国第一个在太空行走的宇航员杨利伟，大家都记得。相对于世界宇航员，中国宇航员就属于细分品类。秦始皇是第一个当皇帝的人；武则天不是第一个皇帝，但她却名留青史，因为她是第一个女皇帝。这里的女皇帝就是细分品类。

因此，要让乔戈里峰声明远扬最好的办法莫过于找到它的细分第一。资料显示，攀登乔戈里峰的死亡人数是所有高山里最多的，27%的死亡率高居全球登山榜首。所以乔戈里峰的广告定位应该是："全世界攀登难度最高的山峰"，这样只听一次，人们就对乔戈里峰记忆深刻。

因此，如果你成不了画家里的第一，那么你可以争取成为女画家里的第一；如果也成不了女画家第一，那么你可以争取成为美女画家里的第一。

同样，如果你不是中国裁缝第一刀，那么你可以是湖北裁缝第一刀，或者是武汉裁缝第一刀；还不行，你可以是洪山区裁缝第一刀，或者是张家湾白沙洲大道裁缝第一刀……

既然细分第一同样打动人心，那么我们要充分利用细分第一来给产品进行广告定位和宣传。例如，"老板"牌抽油烟机在自己的广告中宣传："在中国每卖出10台大风量抽油烟机，就有6台来自老板电器。"这广告给我们的感觉是老板在中国抽油烟机市场是第一，但估计当年它连前十都排不上。这个广告里有"大风量"这个细分词。广告没说抽油烟机卖10台，有6台来自老板电器，而是说在"大风量"这个小品类里卖10台，有6台来自老板电器。也许大风量不是主流市场，竞争对手少，它容易成为这个细分领域的第一。图8-3为"老板"牌抽油烟机的广告。

图8-3
"老板"牌抽油烟机广告

（2）比附定位。

后进者定位的第二种方法就是比附定位。比附就是借力。比附定位是指借助别人的力量来抬高自己。当你还默默无闻时，就需要借助有名气的竞争对手的声誉来发展自己。

蒙牛是牛根生在1999年从伊利离职后创立的。刚开始蒙牛没工厂、没奶源、没市场、没资金，更为残酷的是蒙牛与伊利同城而居。伊利当时是中国乳业的第一品牌，面临这种情况怎么办？

牛根生开始想内蒙古乳业第一品牌肯定是伊利，但内蒙古第二品牌是谁？不知道。于是蒙牛打出"向伊利学习，内蒙古乳业第二品牌"，蒙牛一下子就借伊利上位。这等于把所有其他竞争对手甩到脑后，无形中提升了蒙牛品牌。

同样，罗永浩的锤子手机 Smartisan T1 在 2014 年 7 月正式上市时，也用的这招。苹果手机是消费者公认的稳定性最好的手机，也是全世界第一品牌，那么全球第二好用的智能手机是谁呀？没人知道。于是锤子（Smartisan）手机广告就成了"全球第二好用的智能手机"。当罗永浩把这句话一抛出来时，这等于借助最火的苹果手机来抬高锤子手机。一下子引起了大家的注意，锤子手机得到了很好的曝光。

（3）对立定位。

后进者定位策略的第三种方法是对立定位。很多人认为营销的本质在于比竞争对手做得好，事实上这很难成功，毕竟从 95 分到 100 分，每提高一分都非常不易，并且这种细微的提高，消费者也感觉不到。成功的秘诀在于反其道而行，到竞争对手对立面去开拓市场。当别人往左走时，你要往右走。专门跟"老大"对着干。通过将产品定位为与行业"老大"不同的角色，把一批不愿意购买"老大"的人群吸引过来。

如果第一品牌宣扬历史悠久，是正宗可靠的老牌子，那么换个角度思考，就可以把它重新定位成不能与时俱进的、缺乏时尚的。如果第一品牌宣扬实力庞大、市场份额第一，那么换个角度思考，就可以把它重新定位为垄断的、仗势欺人的。如果第一品牌宣扬创新、引领时尚，就可以反过来把它定位成不可靠的、风险高的。如果第一品牌宣扬价格便宜，那么换个角度可以把它定位成劣质的、低端的。这种把对手的优点通过换个角度变成顾客知道的缺点的方式，就是对立定律。

以上五种定位策略，到底选用哪种策略，要根据企业自身的情况来定，每种方法没有好坏之分，只有合适不合适。

示范乡村振兴项目

沁州黄小米产品的广告定位

大广赛项目

JUNPING（俊平）洁面慕斯广告定位

1. JUNPING（俊平）洁面慕斯定位

JUNPING（俊平）洁面慕斯是一款适合年轻女性用的抗疲劳雪莲补水

洁面慕斯。

(1) 功效定位：抗疲劳雪莲补水洁面慕斯。

根据前面的分析，我们把JUNPING（俊平）洁面慕斯功效定位为抗疲劳雪莲补水洁面产品。我们采用创造第一的细分品类来定位，用雪莲补水洁面产品我们是第一个，主打抗疲劳也是第一个。

(2) 市场定位：17~35岁的青年女性消费群（以学生和上班族为主）。

根据目标受众，我们选择17~35岁的青年人群（偏女性）为目标消费者。这也意味着22~35岁的上班族和17~22岁的学生是我们的主要顾客。JUNPING（俊平）洁面慕斯的定位见表8-1。

表8-1　JUNPING（俊平）洁面慕斯的定位

JUNPING（俊平）洁面慕斯	描述	产品定位
功效定位	抗疲劳雪莲补水洁面慕斯	一款适合年轻女性用的抗疲劳雪莲补水洁面慕斯
市场定位	17~35岁的青年消费群体（以学生和上班族为主）	
广告定位	JUNPING（俊平）抗疲劳补水洁面产品更适合中国人的肤质	

2. 广告文案

抗疲劳全天然植物雪莲补水洁面慕斯；JUNPING（俊平）洁面慕斯更适合中国人肤质。

经典案例赏析

<u>百事可乐找定位的思路和过程</u>

可口可乐作为可乐的开创者，其宣传自己是历史悠久、最正宗的可乐，那么作为后进者的百事可乐该如何应对呢？

为了吸引消费者，百事可乐一开始采用了价格更低的常规竞争策略，推出的宣传口号是"同样的钱，能多喝一杯百事可乐！"

面对百事可乐的低价策略，可口可乐作为市场领导者没有采用价格战来应对，因为它不想"杀敌一千自损八百"。于是可口可乐广告请了一个长相滑稽的男演员来演如何追求女孩子。广告语旁白：你看，什么人在喝百事可乐？广告中形象地表明只有失败者、小气鬼才会喝百事可乐。导致百事可乐销售量快速下滑。百事可乐该怎么办呢？

百事可乐产品定位为新生代的可乐，市场定位是新一代的年轻人。通过广告口号"百事可乐，新一代的选择"来传达它的定位思想和定位人群。百事请了当时最受年轻人喜欢的流行乐坛巨星来做品牌形象代言人，并拍摄广告片，此举把最流行的音乐文化，贯穿到企业和产品中。

独特的消费理念，鲜明地刻画出与老一代划清界限的叛逆心理，并提出新一代的消费品位及生活方式。其结果是百事可乐的销售量扶摇直上。后来百事可乐借助一大批音乐和足球明星代言人，围绕"百事可乐，新一代的选择"展开宣传，广泛地被人们理解和接受，从而使许多青年人成为其忠实、热心的消费者。从此以后，百事可乐步入销售快车道。

课后实践任务

给项目进行广告定位

1. 请先给你的产品或项目进行定位，并说明理由。

2. 请结合你的产品或项目的功效定位、市场定位两方面，给产品定位，并用语言描述，最后说明理由，填表8-2。

表8-2　产品定位

×××	描述	产品定位
功效定位		
市场定位		
广告定位		

3. 请围绕你的产品定位，进行广告定位，并用语言描述。

4. 得出结论。

要求：

(1) 3~5人一组，并结合小组的产品（项目）进行讨论。

(2) 每位同学都要积极参与讨论，发表自己的观点。

(3) 根据讨论的结果将电子文件或纸质文件上交老师。

(4) 每一组选派一人上台发言。

产品的定位不同，造成哪怕同类产品的广告创意表现也会不同。市场上的轿车品类和品牌有很多，虽然都是交通工具，但它们的广告创意表现各不相同。QQ汽车以价格便宜为广告主题；丰田霸道以性能强劲为广告主题；宝马汽车以驾驶愉悦性为广告主题；沃尔沃以安全为广告主题；劳斯莱斯以面子、尊贵、荣耀为广告主题……这些都是因为产品的广告定位不同造成广告主题不同，广告主题不同造成广告创意和广告宣传画面不同。不管做广告策划、广告创意，还是广告设计，都是从广告主题开始的。那什么是广告主题呢？

第九章 创意的"信仰"：广告主题

一、广告主题的概念

广告主题是指广告要表达的重点和中心思想，是广告作品为达到某种目标而要表达的基本观念，是广告表现的核心，也是广告创意的主要题材。例如，"立白"洗洁精的广告信息是洗得干净，不伤手。那么这则广告的主题是"不伤手立白洗洁精"。后面的广告创意必须围绕这个"不伤手立白洗洁精"来展开。麦当劳的广告主题："快乐麦当劳"，广告画面始终体现吃得快乐、玩得快乐。

广告主题是广告定位的重要构成部分，即"广告什么"。广告主题是广告策划活动的中心，每一阶段的广告工作都紧密围绕广告主题展开，不能随意偏离或转移广告主题。

广告主题要选准，要尽量和卖点、广告定位一致。如果不一致，广告主题选错，哪怕创意再好，广告带来的销售效果也不会好。例如，OPPO R11s手机广告如果以"通话效果"作为广告主题，消费者肯定不会因此购买。因为对于手机来说，通话效果好，已经成为所有手机的标配。现在低价的手机，声音也非常清晰。这时候广告主题就不能打通话效果好，而应该围绕OPPO R11s手机的卖点"2000万像素，拍照更清晰"来主打拍照美好瞬间或拍照的效果好。同样手表广告如果以走时准确为广告主题，说某某手表几亿年都不差1秒，那么消费者也不会以这样的理由购买手表。因为对于手表来说，所有的手表走时准确都是标配，选这些信息作为宣传点会让人觉得广告落伍、与时代脱节，根本不会打动消费者。如果为了看时间，手机上就有，何必买手表呢？手表已经不单是为了看时间而买了，更多的是为了显示身份和地位，或者美观而购买。因此，手表广告主题要么宣传时尚，要么宣传高端、尊贵。图9-1为OPPO R11s手机广告。

图9-1
OPPO R11s手机广告

要确定广告主题，首先要明确广告活动将要实现的目标。有目标才有行动的方向。目标确定后，才能开始确定广告主题和传达信息的内容。

二、广告传播目标

每个广告都有它的使命，有些广告希望消费者直接下单购买，如电商广告文案；有些广告只希望消费者记住它的品牌和用途，等到有需求时能够第一时间想到这个品牌，如户外品牌形象广告；有的广告想要改变消费者品牌的负面印象，如公关广告……一个广告应该是为了实现特定目标而做的，它很难同时满足其他的目标需要。针对每一种具体的情况，都应该配之以特定的广告信息和媒体。

广告传播目标说得简单一点就是企业广告活动所要达到的预期目的或效果。例如，同样是小米手机，有时广告打促销价1699元，直降300元，为的是销售这个目标；有时广告宣传企业给学校捐赠小米路由器，这是为了提升企业美誉度，树立品牌形象这个目标；有时广告强调手机性能参数比对手高，为的是打击竞争对手这个目标……

不管广告如何变化，企业的传播目标不外乎以下几种。

1. 通知性的广告目标

向目标受众提供信息为目标的广告，属于通知性的广告目标。例如，告诉消费者新产品将在什么时候上市，介绍新产品有什么样的功能和用途，解决人们的什么问题；说明产品如何使用；通知消费者产品将要变价等。这种广告形式应用较多，各行各业都有这样的广告形式。

小米4手机刚上市的时候，就是通过这种广告形式来介绍小米4的各种性能、采用什么工艺、有什么样的特殊功能等的。

2. 说服性的广告目标

这种广告传播的目标是给消费者一个购买产品的理由。像这种以劝说、引导、说服为目标的广告，属于说服性的目标广告。

例如"依云"矿泉水广告，宣传每滴水都来自阿尔卑斯山头的积雪，这水要经过15年天然过滤，然后加工、灌装、抽检，这中间没有经过人工，更关键的这是拿破仑皇帝喝的专供水。皇帝喝的水你想想品质有多好。图9-2为"依云"矿泉水广告。

图9-2
"依云"矿泉水广告

说服性的广告目标，经常用比较广告形式，把两个产品相比较，以自己的长攻别人的短，以宣传自己品牌的优越性。

例如，洗衣粉电视广告经常有这样的镜头：衣服脏了，用别的品牌的洗衣粉洗了半天都没把污渍洗下来，然后换用该品牌的洗衣粉，不一会儿污渍就不见了。最后一个画面：代言人拿起洗衣粉做一个总结，用了××

洗衣粉，去污渍效果好。这就是典型的对比广告，属于说服性的广告目标。

和其正凉茶广告语："花一瓶的钱，买两瓶。"广告通过价格对比，突出和其正饮料是王老吉饮料容量的两倍。换句话说，和其正比王老吉便宜一半。这也属于说服性的广告目标。

3. 提升品牌形象的广告目标

以提醒、提示为目标的广告，属于提升品牌形象的广告目标。这种广告经常用于产品生命周期的成熟阶段，目的在于提醒消费者，强化该品牌。一些有名的大企业，例如，可口可乐、IBM、三星、肯德基等，在淡季会耗费巨资在杂志上做彩色广告、做户外广告、做电视广告等，广告没有直接介绍产品，只有企业的 Logo。这样做的目的是强化品牌，以免消费者遗忘，给市场一个公司运营良好的信息，同时，彰显公司的实力。尤其产品进入成熟期后，广告有时是提醒消费者，目的是强化消费者对该品牌的记忆和联系，让消费者认牌购买。这种品牌广告不直接介绍产品，而是塑造品牌的良好形象，从而铺设经销渠道，对该品牌下的产品销售起到很好的配合作用。

例如，传播一种"成功、拼搏、奋斗"的品牌精神的广告。广告文案不断地诉说胜利是一种坚持，胜利是一种宽广……给人一种鼓舞，以博得消费者对企业的好感。

4. 促销性的广告目标

这种广告目标是希望达到立竿见影的效果，迅速提高市场占有率、品牌知名度，达成预期的销售目标。促销广告大多是这样的目的。企业通过发布带有馈赠行为的广告以促进产品销售的广告策略，如买一送一、买500送300、抽大奖、赠券、奖金、免费样品、折扣券、减价销售等，都是为了迅速达成预期的销售目标。

5. 曝光产品不足，为新产品铺路的广告目标

曝光产品不足、顺理成章地推出新一代改进的产品，而该产品正好解

决了这些不足的问题，其实是为自己的新产品铺路，完成市场"新王朝"的建立，改写市场格局。

360"好搜"上市以前，360公司创始人先曝光搜索行业向用户提供虚假医疗、欺诈推广信息谋取不义之财的广告，然后宣布推出独立品牌——好搜，宣传这个搜索引擎屏蔽不良商家，给用户安全保障，并推出了包括照妖镜、安心购、良心医、及时搜、周边号、万花筒，以及随心谈"七种武器"。全面满足用户在移动环境下使用搜索的习惯和需求。

6．抗竞争性的广告目标

这类广告目标完全是为了对抗竞争对手而采取的广告形式。例如，加多宝做了这样的广告：做凉茶世界第一，打官司倒数第一；打官司你行，做凉茶我行。

王老吉马上做了一个对抗性的广告："装"矫情可以，请别装红罐；装可怜可以，请别装正宗；"装"任性可以，请别装凉茶。侧面告诉消费者红罐是王老吉的。

2014年，美的宣传"一晚只需一度电"，格力空调马上来了一个对抗性广告："八晚一度电"。海飞丝说去屑无踪，舒蕾马上说去屑不伤发，言外之意"你去屑会伤头发"。"好功夫"一出，马上有"真功夫"，侧面说别的是假功夫。瑞星说，99元安全防护用瑞星，360说永久免费全方位防护用360，一下子把瑞星的生意化为乌有。淘宝说低价上淘宝，京东说："同是低价，买一真的。"

这些广告的目标是为了与竞争对手对抗。与竞争对手对着干，你强调快，我就强调慢；你强调慢工出细活，我就强调一分钟取件；你强调豪华，我就强调东西简朴。

以上是几种广告传播的目标，当然有的广告是其中一项，也可以是多项，在确定时要根据具体的广告活动而定。根据目标管理思想，也可以在确定一个总目标后，再分解成数个具体的小目标，逐一达到最后实现广告传播的总目标。

创意的"信仰"：广告主题

三、设定广告主题

广告主题的本质就是商品（企业）的卖点、商品的比较优势。因此，广告主题要根据广告的传播目标、产品的卖点和商品的比较优势来综合考虑。

1. 农夫山泉的广告目标： 做矿泉水行业老大

农夫山泉成立于 1996 年 9 月 26 日，当时纯净水市场第一名为娃哈哈，第二名为乐百氏。娃哈哈有销售网络优势，乐百氏有营销优势，27 层净化已经深入人心。如何超越第一、第二，农夫山泉始终在找方法、找策略。后来分析娃哈哈、乐百氏都是纯净水，纯净水意味着是净化的水，所谓好水才能喝出健康来，净化水连里面的矿物质都净化掉了，水里缺少人体所需要的矿物质，于是农夫山泉告诉消费者它的水是千岛湖"天然水"。千岛湖是国家一级水资源，并且里面有许多矿物质，这是农夫山泉的优势。

第一阶段广告传播目标：

曝光纯净水不利于身体健康，说服消费者喝天然矿泉水，为农夫山泉新产品铺路。

广告主题： 农夫山泉是"天然水"矿泉水。

广告创意： 广告场景：两组水仙花，一盆每天浇纯净水，一盆每天浇农夫山泉天然水。一个星期后，喝农夫山泉天然水的水仙花长高到了 3 厘米，而喝纯净水里的仅长高了 1 厘米。广告里的老师对学生们说："同学们，现在我们知道该喝什么水了吧！"。广告最后一个画面出现了一行字幕：养生堂宣布，停止生产纯净水，全部生产天然水。农夫山泉天然矿泉水即将上市。

随后农夫山泉趁热打铁在中央电视台播出衬衣篇广告："受过污染的水，虽然可以提纯净化，但水质已发生根本变化，就如白衬衣弄脏后，再怎么洗也很难恢复原状。"农夫山泉还发布"专家提醒"："纯净水"不宜大量地长期饮用。最后不忘来一句：农夫山泉的水源——千岛湖的源头活水，是天然水。

广告给消费者的心理冲击力很大，消费者开始放弃纯净水，企业开始转型生产矿泉水。这就是现在市场上很少有纯净水的原因。

但是改生产矿泉水，并不是马上就能投产，需要找好的水源，需要盖厂房，需要安装设备……这些投产以后，农夫山泉矿泉水早已经占领了市场。这就是为什么现在农夫山泉成为矿泉水行业老大的原因，就是从那时候的改变开始。

第二阶段广告传播目标：

当娃哈哈、乐百氏、百岁山、康师傅等企业都开始生产矿泉水后，消费者为什么还要选择农夫山泉呢？

因此，这时候农夫山泉的广告传播目标就是说服性的广告目标，给消费者一个购买的理由。

广告主题： 农夫山泉是有点甜的矿泉水。

广告创意： 农夫山泉有点甜的广告，让你想喝有点甜的矿泉水，那么你只能找农夫山泉。

第三阶段广告传播目标：

农夫山泉广告以提升品牌形象，强化消费者对企业的认知和好感为传播目标。

广告主题： 农夫山泉不生产水，只是大自然的搬运工。

广告创意： 告诉消费者，农夫山泉为消费者的健康着想，经过千山万水到处寻找好的水源，经过长途跋涉把水运到消费者手上，价格不贵，厂家只收搬运费，以此来强化消费者对企业的认知和好感。

2. 特仑苏广告目标：塑造高端的金牌牛奶

"特仑苏"在蒙语中是"金牌牛奶"之意，主要针对的消费群体是城市的中高收入家庭、单身白领和有较强个性的青年。

蒙牛希望"特仑苏"象征的是高品质的生活。

创意的"信仰":广告主题

第一阶段广告传播目标:

广告主题: 特仑苏是高档金牌牛奶,其品质非常高,是没有经过污染最健康、最有营养的牛奶。喝特仑苏,过品味人生。

广告创意: 突出特仑苏牛奶的几大优势,突出特仑苏是高品质生活的牛奶,为塑造高端金牌牛奶找理由。

乳品的品质在于奶源,特仑苏主要在奶源和产品的加工上做差异化,来强化"优质"。当时,特仑苏的产地是中国乳都核心区——林格尔草原,世界公认的优质奶源地带,同时引进澳大利亚最好的奶牛品种,加上采用国际先进的加工技术,最大限度地保证了牛奶中的营养成分。此外,还有从国外引进的生产设备,比如智能化挤奶设备、AGV自动导引车、日本纸箱自动输送系统、利乐灌装机、意大利均质机、世界先进的净乳机等。这些资源最终体现在了产品力上。

2005年,当时白奶国标蛋白质含量是2.9g,特仑苏打出了3.3g乳蛋白作为产品的核心差异点。

2008年,有机概念逐渐被消费者认知,特仑苏推出了有机奶。

第二阶段广告传播目标:

广告传播目标: 以提升品牌形象为目标,塑造特仑苏品牌高品质的文化。

广告主题: 喝金牌牛奶,过品质人生,让"特仑苏人生"成为高品质生活的代名词。

广告创意: 著名钢琴家郎朗在空旷的草原牧场上非常投入地弹琴。广告语,有些人,人生是为了拥有;有些人,拥有是为了一种人生;阳光、牧场,所有一切属于你;只属于你,拥有了特仑苏,人生所以不同。不是所有的牛奶都叫特仑苏。

广告让人感觉到郎朗弹的不是钢琴,而是人生;喝的不是牛奶,是高品质的人生。广告使喝牛奶也变成一种高贵、文雅的享受。

第三阶段广告传播目标:

广告传播目标: 以提升品牌形象为目标,提升特仑苏的品牌知名度。

广告主题: 特仑苏营养新高度,成就更好人生。

广告创意：以马斯洛的自我实现需求心理为创意。广告文案：更好的 2019 从哪里开始。更好地成长，更好地逆生长；更好地爱自己，更好地打败自己；更好的老朋友，更好的新朋友；更好的家，更好的更大的家；更好的 2019，从哪里开始，做更好的自己。不是所有牛奶都叫特仑苏。

每天我们向着更好出发，直到从无到有，直到拥有更多。直到真的拥有更多之后，才开始懂得，小到一颗牧草，大到山丘湖泊，人生难得的不是可以把握住一个生理周期，而是把握住自己，就像特仑苏坚持限定专属牛奶，以更高标准高于 3.6g 乳蛋白和 120mg 原生高钙，营养新高度，成就更好人生。不是所有牛奶都叫特仑苏。

广告升华了愿景，让消费者喝牛奶喝出新高度，把喝特仑苏上升到哲学的高度，上升到人生的高度；喝的是哲学，喝的是实现自己、成就自己的更高人生。这就是特仑苏的广告主题。

四、创作广告语

广告语是每个创意的落点，如果没有它、创意就不完全成立。一个产品或广告能走多远、范围多大，耳熟能详的广告语至关重要。产品会随着广告语的传播而传播。例如，"红桃 K，补血快""怕上火，喝王老吉""今年过节不收礼，收礼只收脑白金""农夫山泉有点甜""钻石恒久远，一颗永流传""Just do it"等。这些朗朗上口的广告语伴随着产品走进人们的生活，在你脑海中久久不能忘怀。

我的一个朋友到北京玩，白天爬完长城，晚上又去吃全聚德烤鸭。我问他不累吗？他说："明天我就要回家了，难得来一次，必须吃一次正宗的烤鸭——全聚德。"

他说："不到长城非好汉，不吃烤鸭真遗憾。"

20 多年前全聚德的这句广告语，20 多年后，还有这样的传播效果和驱动力。可想而知，广告语的传播力多大啊！

在很多中国人的心中，烤鸭就等于全聚德，全聚德就等于烤鸭，这一切有赖于20年前的这一句广告语"不到长城非好汉,不吃烤鸭真遗憾"。一句经典的广告语流传于全国,一直到现在还影响着我们。这也意味着,只要把广告语传播进大众的心中,你的产品也就走进了大众的心中。

广告语其实是广告文案的一部分。广告文案一般由广告标题、广告正文和广告语等要素组成。广告语也可以叫广告口号或广告词,是一种战略性的语言,是该品牌的主张或承诺。它是广告文案里最精华的部分。一个广告文案成功与否,90%全集中在广告语上,它的作用和效果等于1000倍的正文效果。

广告语可以分为企业形象广告语、企业服务广告语、产品广告语。

海尔品牌形象广告语:"海尔中国制造。"

海尔服务广告语:"真诚到永远。"

海尔空调广告语:"永创新高。"

海尔冰箱广告语:"海尔冰箱,领鲜新生活。"

产品广告语一般要围绕卖点来创作。

例如,海飞丝的卖点是"去头屑",它的广告语"头屑去无踪,秀发更出众",明确地用广告语传达出去头屑的卖点;飘柔的卖点是柔顺头发,它的广告语是"洗护二合一,让头发飘逸柔顺";潘婷的卖点是营养头发,能使头发健康、亮泽,它的广告语"独含维生素B5,滋养你的秀发";舒肤佳香皂的卖点是消除细菌,它的广告语是"消除细菌,爱心妈妈的选择";红桃K的卖点是补血快,它的广告语是"红桃K,补血快";王老吉的卖点是下火,它的广告语是"怕上火,喝王老吉";新领冠珍护奶粉的卖点是不上火,它的广告语是"宝宝不上火,便便更轻松";红牛的卖点是解困解累,它的广告语是"累了困了喝红牛";海王银杏叶片的卖点是活血化瘀通络,它的广告是"30岁的人,60岁的心脏;60岁的人,30岁的心脏"……这些都是围绕卖点来创作的广告语。这些广告语让人耳熟能详,到现在都记忆犹新,产品也随着广告语深深印在消费者心中。

当然也有产品的广告语不是以卖点创作的,而是以其他方式创作的,一般大家习以为常的日常产品,可以不围绕卖点创作广告语。例如,"畅饮诸葛酿,认准江口醇"——江口醇诸葛酿酒;"蓝击丹麦蓝罐曲奇,送礼体面过人"——丹麦蓝罐曲奇;"万事俱备,只欠东风"——东风汽车广告;"学琴的孩子不会变坏"——三叶钢琴;"挡不住的感觉"——可口可乐……

总之,广告语最好围绕卖点来创作,因为这样的广告语有个好处:消费者有什么问题,马上就能联想到该产品。

示范乡村振兴项目

沁州黄小米广告主题

大广赛项目

JUNPING(俊平)洁面慕斯的广告主题和广告语

JUNPING(俊平)洁面慕斯是一款新产品,作为新产品上市,肯定要给消费者找一个选择的理由。JUNPING(俊平)洁面慕斯最大的特点:能满足消费者补水和抗疲劳的需要。因此,这时候 JUNPING(俊平)洁面慕斯的广告传播目标是:说服性的广告目标,给消费者一个购买的理由。

广告主题:洗净脸部疲劳,焕发青春光彩。

我们根据产品的卖点、定位,以及广告主题,创作一句能让人很快记住,并且容易传播的广告语。

广告语:洗净脸部疲劳,俊平清润雪莲。

经典案例赏析

OPPO R9 手机 "充电5分钟,通话2小时"

OPPO R9 国产手机是广东欧珀移动通信有限公司旗下的品牌,是 2016 年 3 月上市的手机,机身采用玫瑰金色、金色、雪岩灰、红蓝色 4 种配色。Counterpoint Research 公司的数据显示,2016 年 OPPO R9 销量接近 2000 万台,占 4% 的市场份额,成功击败了蝉联 4 年国内最畅销机型的 IPhone 系列手机,可见当时 OPPO R9 的市场影响力有多大。

创意的"信仰"：广告主题

OPPO R9 的成功离不开优秀的广告创意，"充电 5 分钟，通话 2 小时"的广告语既朗朗上口又通俗易懂，简单清晰地告诉消费者 OPPO R9 的卖点就是"充电快"。在当时快充技术还没有普及，这个卖点确实很吸引人；再加上用明星作为 OPPO R9 手机广告主角，铺天盖地地宣传，更是点燃了大多数人的购买欲望。

为了推广 OPPO R9 手机，欧珀公司花重金在国内一线和新一线城市的繁华商业街、公交站、地铁站等做了大量的平面广告。就这样 OPPO R9 手机先通过平面广告吸引消费者的注意力，然后再靠电视广告提升品牌存在感，最后将消费者吸引到自家遍布全国的门店购买 OPPO R9 手机。可以说 OPPO R9 手机有如此惊人的销售业绩，其"充电 5 分钟，通话 2 小时，OPPO R9 拍照手机"的广告语功不可没。

资料来源：改编自《新媒体广告营销案例集》（第三辑）135－144（郭斌，王晨慧主编，中国经济出版社，2021.5）。

课后实践任务

确定广告主题和广告语

1. 请根据产品（项目）的要求来确定广告传播目标。
2. 根据产品（项目）的广告传播目标确定广告主题，说明理由。
3. 请根据产品（项目）的卖点、产品（项目）定位，以及广告主题来创作 10 条广告语，从这 10 条里选一句能让人很快记住，并且容易传播的广告语。

要求：

（1）3~5 人一组，并结合小组的产品（项目）进行讨论。

（2）每位同学都要积极参与讨论，发表自己的观点。

（3）根据讨论的结果将电子文件或纸质文件上交老师。

（4）每一组选派一人上台发言。

广告创意贯穿广告策划的整个过程，它是广告人对广告创作对象所进行的创造性的思维活动，是通过想象、组合和创造，对广告主题、内容和表现形式所进行的观念性的新颖性文化构思，创造新的意念或系统，使广告对象的潜在现实属性升华为社会公众所能感受到的具象。广告创意实质上是根据产品市场、目标消费者、竞争对手等情况制定的广告策略，寻找一个说服目标消费者的理由，并根据这个理由通过视、听表现来影响目标消费者的感情和行为。

第十章 炮制一场轰轰烈烈的亮相：广告创意表现

一、广告创意概述

创意不是简单的事情，虽然有"眉头一皱，计上心来"之说但是真正的过程却是很艰辛的。

说到创意，有一个故事：有一家广告公司招聘创意总监，月薪 10 万元，还不包括红利奖金。这样的高工资吸引了无数人前来应聘。

公司给每个应聘者发了一张白纸，白纸上的测试题目是："请你在纸上随便画一个东西，然后把这张纸扔到大街上，看过路人会不会捡起并拿走。拿走谁的谁就是我们要招聘的总监。于是所有的应聘者苦思冥想：有的人在纸上画房子，有的人在纸上画蜘蛛侠，有的人在纸上画宠物，有的人在纸上画美女……应聘者想尽了各种招数。

最后公司根据承诺录用了一位张先生。张先生画了什么能如此吸引人？大家都想知道答案，有记者去采访张先生："请问你在纸上画了什么？"

张先生说："我没画也没写，在纸上贴了三张 100 元的钞票。"哇！这就是创意。虽然说不清楚它好在哪里，但它确实让人眼前一亮、目瞪口呆、拍手叫绝……

1. 广告创意的概念

什么是广告创意呢？

创意就是高效解决问题的想法和主意。关键词"想法"和"主意"，说明创意是个思维活动。

广告创意就是高效解决广告传播过程中出现的各种问题的想法和主意。

这里的关键词除了"想法"和"主意",还有个限定词"广告传播"过程中。这说明广告创意就是传播过程中的"想法"和"主意"。

广告为什么要创意,创意给广告解决什么问题呢?

你在路上开车,户外广告牌很多,但是在你眼睛一睁一闭之间,它们就过去了;你坐在家里看电视,广告一来,你会不自主地换台或低头看手机。我们周围充斥着各种广告,能让消费者停留注意的却非常少。只有充满创意的广告,才会吸引消费者驻足观望,并拍手叫好。这就是创意的魅力。

1898 年,美国广告学家 E. S. 刘易斯提出了 AIDMA 理论,这个理论将消费者的购买过程分为五个步骤,分别是:Attention(注意)、Interest(兴趣)、Desire(欲望)、Memory(记忆)和 Action(行动)。首先要让人注意到,并产生兴趣,接着让他想试一试,然后记住这个广告,最后产生购买行动,这就是 AIDMA 理论。由于互联网的发展,消费行为逐步改变,日本电通公司又提出了 AISAS 理论,分别是:Attention(注意)、Interest(兴趣)、Search(搜索)、Action(行动)和 Share(分享)。这两个理论都把 Attention(注意)排在第一位、可想而知,注意对广告来说何其重要,能引起注意的广告就成功了一半。

2. 广告创意的作用

人们的注意分为有意注意和无意注意。有意注意是一种自觉的有一定目的的,必要时还需要加一定努力的注意。当消费者感觉自己需要某产品时,会主动寻找有关产品的广告信息,就会触动主动记忆系统。这就是有意注意。

无意注意是一种事先没有预定目的,也不需要任何努力的注意,是无意识的。例如,你在等公交车,看到很多广告。面对那么多广告信息,你是被动注意,你启动的就是被动记忆系统。这属于无意注意。

广告要传播就必须吸引消费者从无意注意转化为有意注意,那么创意就成了广告吸引人注意的最佳方法。在互联网时代,没有创意,就没有传播。创意的价值更加凸显。

只有创意才是最吸引人的,只有创意才能使人停下来,只有创意才让人目瞪口呆,只有创意才能引导消费者去关注广告中的产品或服务。没有创意的广告,是不会引起他人注意的。

因此,广告创意对提升广告注意力的作用很大。

二、广告创意的表现策略

广告人都希望自己的广告得到更广的传播,要传播就必须"引起人们的好奇、惊叹和关注"。因此,广告创意是一门关于"引起好奇、惊叹和关注的学科"。根据大量的社会心理学研究,发现广告创意要引起人们的好奇、惊叹和关注,有 6 种途径,分别是违反直觉制造意外、制造极端场景、极端夸张的性能、变换角色、实验证明、逆向思维反向创意。这 6 种方法制作的广告最具有传播力。

1. 违反直觉制造意外

有这样一个广告:画面一开始就是"啪啪啪"的"飞刀"表演。只见刀光一闪,"啪"的一声,一把锋利的刀直插活人的手指缝;"啪"的一声,又一把飞刀直插活人的手指缝;"啪"的一声,又一把飞刀直插活人的手指缝;"啪"的一声,最后一把飞刀直插活人的手背,看得人心惊肉跳。手上被插刀,血却没流出来。正当人们为之震惊时,一只手伸过来将手掌和插入的刀一起翻起来,原来这是一张"手的复印件"。这时候人们紧张的情绪瞬间松懈。此类广告会让认记忆犹新,会让人赞叹不已。

一则关于床的广告:两个黑衣男子在楼梯上快速地追打,追到一套房子里,两个人仍然你来我往拳脚相向,画面营造出紧张和刺激的氛围。当他们打到卧室时,两个人一起就抱摔在一张双人床上,并互相用力摔着撕扯着,撕扯着,……慢慢地两个人就躺在床上睡着了……镜头由两个人的睡姿慢慢地移到床尾侧面,床的侧面的布上印着床的品牌 Logo。图 10 - 1 为 TEMPUR-PEDIC 床品牌电视广告截图。

炮制一场轰轰烈烈的亮相：广告创意表现

图10-1
TEMPUR-PEDIC 床品牌电视广告截图

这两个广告都是利用了反转的策略，刚开始特别刺激，最后来了个180°的反转。让人意外，给人留下了很深的印象。

2. 制造极端场景

将产品放在极端场景下使用，在该场景下，突出产品的某种特性，并且使产品的某种特性重要到了不切实际的程度。

航空的极端场景，你能想到哪些？

一名美女空姐站在蔚蓝色的天空中，用手一张一张翻着广告牌。突然，一架色彩斑斓的380客机从空姐身后近距离缓缓飞过，镜头越拉越远，空姐变得越来越小，空姐脚下慢慢出现了超高建筑迪拜的哈利法塔，原来空姐站在世界第一高楼——828米高的迪拜哈利法塔的顶端。凭借空姐站在超高空、飞机围着空姐飞行的极端场景，广告显得特别震撼，把人的情绪推至高潮。

广告全程没有使用任何特效，完全使用无人机和长镜头拍摄了5个多小时。为了达到最佳的拍摄角度，飞机全程保持低速低空慢慢绕哈利法塔顶端飞行，并正好飞到空姐身后，为了达到这个效果飞机模拟飞行无数次。哈利法塔顶端面积只有 $1.2m^2$，这意味着空姐要站在828m高，脚下只有 $1.2m^2$ 的地方，并且没有护栏。站在上面什么感觉，我们隔着屏幕都眩晕、腿发软。哈利法塔从160层以上就没有电梯，需要拍摄团队和空姐在管道内手脚并用攀登楼梯，光爬到顶端就用了75分钟。这种艰难的拍摄过程都被广

注： 图10-1为广告真实截图，无不良导向。

告公司记录下来，变成广告的一部分。该广告一上传互联网就火爆网络，网友们纷纷转发。这则广告成了宣传阿联酋航空的最佳广告。图10-2所示为阿联酋航空视频广告截图。

图10-2
阿联酋航空视频广告截图

沃尔沃大卡车的卖点是"精准的转向系统"，怎么突出这个特点呢？如果展示内部结构，罗列各种测试数据进行传播，这么专业的东西，很难让大众看懂，也枯燥无味，不吸引人。即使花再多的广告预算，也很难推广。

怎么办？

沃尔沃用美国的动作巨星尚格云顿（Jean-claude van damme）拍了一个广告短片。片中两辆卡车并排倒挡行驶，尚格云顿脚踩后视镜，随着车辆慢慢分离最终做出劈叉动作。整段视频"一镜到底"，精彩纷呈，用绝妙的创意和高超的执行力，完美展现了沃尔沃卡车精准的转向系统。很明显这是制造的极端场景，这段视频获得了巨大的成功。图10-3所示为沃尔沃卡车电视广告截图。

图10-3
沃尔沃卡车电视广告截图

3. 极端夸张的性能

极端夸张的性能是运用丰富的想象力，在客观现实的基础上放大或缩小事物的特征到极端，以引起人们强烈的观看兴趣。

吸尘器广告：一个模特正摆着各种造型，摄影师手持相机给她拍照，这时镜头转到她身后，模特身体上连着一跟长长的管子，管子的另一端连接着吸尘器，一男子正躲在角落里手中拿着吸尘器的管子。

此时，摄影师大喊一声："拍摄结束"，话音一落吸尘器吸管就从模特身上脱落下来。此时，苗条的她一下就成了胖姐。广告用极端夸张的方式把吸尘器的性能夸张到极致，吸尘器把胖姐的赘肉吸进吸尘器中，使胖姐变成苗条的模特，这体现了吸尘器的威力。

一种好吃到极端的薯片你能想到什么呢？

医院的病床上躺着一名产妇，从 CT 显示器上显示出产妇肚子里躺着一个还未出生的婴儿。镜头一转，一个胡子邋遢的男人正拿着一袋薯片，咯吱咯吱地吃着。由于薯片太美味了，以至于产妇肚子里的婴儿也随着薯片的移动幅度而移动。男子发现这一现象后，故意大幅移动手中的薯片，婴儿也随着薯片的移动大幅度移动，由于移动幅度太大，产妇的肚皮就被顶得凸起来，导致产妇剧烈疼痛。产妇很生气，抢下男人手中的薯片用力向远处一扔，此时在肚子里的婴儿用力一蹬，也随着薯片的方向冲了出去……病房里所有人大喊，一个 DORITOS 薯片品牌 Logo 出现在画面中。薯片味道好吃到能把还在肚子的婴儿吸引到提前跑出来，可想而知这个夸张多么极端。这就是极端夸张的性能。

4. 变换角色

一般来说，撒泼打滚是小孩子的事，怀孕生孩子是女人的事，冒险打怪是男人的事。如果互换角色让男人撒泼打滚，男人怀孕生孩子，会怎么样呢？

广告画面1：一个男人在地上撒泼打滚，旁边站着一个小男孩在安抚他："别哭啦，我的乖乖，人家会给你买，会带着你玩。"然后出现小孩和男人一起打游戏的快乐场景……这是个日本的游戏广告。

广告画面2：一个挺着大肚子的男人，一边看电视一边哭成泪人，妻子在旁边安抚："我的乖乖，别那么伤心，免得动了胎气，吓坏肚子里的小宝宝。"过了几天，男人摸着肚子示意要生孩子了，旁边的妻子表现得非常高兴。男人被推进产房生孩子时，女人在外面着急地等待。不一会儿，从产房里推出一个小婴儿……这是补充纤维素的广告。

这两个广告因为变换角色，很具有冲击力，让人看一次就有了很深刻的印象，广告效果出奇的好。

20世纪70年代，美国的美特牌丝袜电视广告画面中出现两条线条优美、穿着长筒女丝袜的腿。这时，响起了一个动人的、女性的画外音："我们将向所有的美国妇女证明，美特牌长筒丝袜可使任何形状的腿变得非常美丽。"

看到这样美丽的腿，观众脑中会想什么？

广告镜头慢慢地往上移，最后发现穿这双丝袜的竟是一名男性，而且是美国著名的棒球明星乔·纳米斯。这时候他笑眯眯地向观众致意"我并不穿长筒女丝袜，但我想'美特牌'长筒丝袜能使我的腿变得如此美妙，相信它一定能使你的腿变得更加美丽。"意外的结果，使广告在消费者心中留下了难以磨灭的印象。广告一经播出，"美特牌"女丝袜一夜间家喻户晓，销量陡然上升。这就是角色互换。

5. 实验证明

某厂家为了让消费者了解净水机，专门做了一次电解质实验：把水里面的杂质电解出来，让人肉眼看得到。经过电解的水是非常干净的，没有经过处理的水，看起来也很纯净，但电解之后却成了臭水，厂家将实验视频放到网店。通过这两种演示对比，给消费者强大的视觉冲击力，博得了消费者的信任，销量一下就上去了。这种方法叫作让实验证明，让事实说话，更具有可信度和感染力。

2005年，3M公司设计了一个广告，用自家的三层玻璃制作一个玻璃盒子，里面放了300万美元，然后把它放在温哥华人多的人行道上，广告上写着："只要你能打碎玻璃，里面的钱随便你拿"。如此大的诱惑吸引了大批的人慕名而来，你砸我砸他砸，砸玻璃就变成了一场玻璃秀，最后玻璃没砸开，3M品牌却被砸出了名气。事实证明，这种广告效果非常好。3M玻璃广告截图如图10-4所示。

图10-4
3M玻璃广告

中国济南的福瑞达安全玻璃膜也用此方法策划了一个挑战活动：在广场上摆下擂台，声称如果哪位市民一锤砸穿贴有福瑞达安全车膜的普通玻璃，就可以获得5万元奖金。挑战告示贴出后反响热烈，许多市民抡起大锤砸向车玻璃，但是一直到最后，也没有人领走5万元奖金，这次活动用事实证明了福瑞达安全玻璃膜的安全性。

以上案例都是用实验证明产品的质量。作为商家，在做现场实验证明时，要把媒体和相关证明机构请到现场，见证后再做相关报道。这样就可以把媒体见证的报道和相关机构出示的证明展示在广告中，会博得消费者的信任。

海飞丝曾做了这样一个广告：为了宣传去屑的功能，通过用头屑测试卡来验证此功能。广告中一个长发飘飘的女明星说："每当我有新的尝试，总会有人怀疑，我要让他们亲眼看看事实，看看我的实力。选择去屑洗发水，我也要亲眼看见。"画外音为"海飞丝头屑测试卡，让去屑效果眼见为实"。海飞丝线下配合广告活动，在超市等销售渠道投放头屑测试卡，目的是让客户亲身体验。

当产品的功能无法被直接证明时，我们可以做各种物理、化学实验，可以用火烧、水泡、冰冻或使用化学试剂来证明产品的功能。

6．逆向思维反向创意

大脑对四平八稳、习以为常的信息是没有任何反应的，只有与日常生活极为不同的信息，才会引起大脑的反应。因此，从反方向去思考，从反方向进行创意，也会吸引人注意。

电视上的食品广告大多让人垂涎欲滴。一块炸得松脆香酥的鸡肉，一片鲜绿色的生菜，再加上刚出炉的橙黄色的热气腾腾的面包，再挤上一圈红红的沙拉酱。这些食物加在一起就成了一个美味可口的汉堡。一个小孩笑眯眯地拿起汉堡，满满地咬了一口，此时沙拉酱开始外溢至嘴巴周围……画面看得人直流口水。这就是肯德基麦和当劳的汉堡广告。

2020年，汉堡王反其道而行，它给自己的汉堡全身披满墨绿色绒毛，并且用高清摄像机记录下来这个汉堡发霉的全过程。这个过程吸引了无数大众的关注。

一般食物放在空气中都会发霉腐烂，这是自然规律。如果汉堡长时间不发霉、不腐烂，说明什么？说明添加防腐剂了。汉堡王广告展示汉堡的卖点是不含防腐剂、对身体无害的汉堡。广告播出后，汉堡王生意增长了74%。因此，逆向思维、反向创意也会创造令人意想不到的结果，更容易吸引人注意。图10-5为汉堡王广告视频截图。

图10-5
汉堡王广告视频截图

以上是6种容易吸引人注意、容易传播的创意表现策略，作为广告有时需要违反直觉、制造意外，有时需要制作极端场景，有时需要变换角色，有时需要实验证明……请根据产品选择适合的创意策略吧！

三、视频广告创意表现

创意表现策略讲完了，接下来就是要把创意表现出来。再好的创意如果不表现出来，就像画中的人物，永远走不到现实生活中。

广告创意表现简称广告表现，通过各种传播符号形象地表述广告信息，以影响消费者购买。它是根据广告创意策划提供的思路制作的广告作品，是广告制作的最后一个环节。

广告创意表现最终呈现的形式不外乎平面广告表现、广播广告表现、视频广告表现这三种。平面广告表现，画面不动，利用二维平面传播，如户外、报纸、杂志广告，以及网络和手机上弹出的平面广告；广播广告表现是利用声音媒体传播的广告，如广播电台、交通电台，以及喜马拉雅、懒人听书等播放的语音广告。平面广告表现和广播广告表现这里不做详细讲述，本书主要讲述视频广告表现。

视频广告是指能够通过一定的播放设备插播视频的广告形式。其实电视广告、电影广告、互联网视频广告、抖音快播短视频广告，以及露天广场大屏幕播放的广告都是视频广告。

视频广告的创作流程通过视频广告脚本的写作体现出来，先把视频广告的创意写成可执行的广告脚本，然后根据广告脚本拍摄成视频广告。视频广告表现包含四部分内容，分为视频广告脚本、分镜头脚本、故事板和视频广告词。

这里以耐克拍摄的"地球仪篇"和"茶娃婴儿沐浴露"广告为例。

耐克"地球仪篇"广告创意：在下午的一节地理课上，地理老师正在讲课，这时候，讲桌上的地球仪中的"地球"突然摔了下来，滚落到第一排一个男同学的桌子上。男同学接到"地球"后，发现老师没注意，就大胆地拿起"地球"，像玩花式篮球一样玩耍起来。一不留神，"地球"掉在了地上。老师听到响声，转过身来。这个男同学手忙脚乱地捡起地球仪。

"茶娃婴儿沐浴露"广告创意：一个春暖花开的地方，周围有山有水有蝴蝶，一片叶子从水里慢慢托起一个塑料娃娃。一位妈妈正笑嘻嘻地给浴盆里的婴儿洗澡，婴儿在浴盆里玩弄着洗浴的茶娃沐浴露泡泡，最后妈妈用清水冲洗婴儿头发上的泡泡。

1. 视频广告脚本

视频广告脚本，也叫视频广告剧本，即视频广告文案，是视频广告创意和传播信息的文字说明，是视频广告拍摄的详细方案的文字说明，是拍摄视频广告的基础和蓝图，也是广告创意最直观的体现。

一般来说，视频广告的创作流程：首先把广告创意改编成视频广告脚本，然后把视频广告脚本编写成更细致的分镜头脚本，接着按分镜头脚本绘制视频广告故事板，最后按故事板的画面拍摄成视频广告。

因此，有了广告创意方案的文字说明还不够，还需要重新编写，把广告创意改写成广告脚本。视频广告脚本要像讲故事或者说书一样。语言、对话、动作神态、场景等，都要描述出来，这样演员才知道怎么演戏，摄影师才知道怎么拍摄。

将耐克"地球仪篇"广告和"茶娃婴儿沐浴露"两个广告创意改编成视频广告剧本：

耐克"地球仪篇"广告剧本：在下午的一节地理课上，外面骄阳似火、蝉鸣阵阵，整个教室特别安静。这时候，讲桌上地球仪中的"地球"突然摔了下来，滚落到第一排一个男同学的桌子上。这个男同学接到"地球"后，发现老师正对着黑板写东西，没有注意这个"地球"滚落的事情。男孩大胆地拿起"地球"，像玩花式篮球一样玩耍起来。男同学玩得不亦乐乎，一不留神，把"地球"掉在了地上。老师听到响声，转过身来。这位男同学赶紧捡起"地球"，手忙脚乱地把它放到了讲桌上。最后画面显示耐克的标志。

"茶娃婴儿沐浴露"广告剧本：一座绿油油的山上飞出两只蝴蝶，叶子从水里慢慢托起一个塑料娃娃。塑料娃娃举起双手，从水中冲出，掀起许多水花。随后"茶娃婴儿沐浴露"从画面底部向上冲出，冲到画面中央。接着出现一个婴儿在浴盆里洗澡，孩子用沾满泡泡的小手用力按压茶娃沐浴露。浴盆旁的妈妈正笑嘻嘻地给浴盆里的婴儿洗澡，用清水冲洗婴儿头发上的泡泡，浴盆的对面有个四五岁的小姐姐拿着塑料管挑着一个大泡泡玩耍。最后出现两个画面"茶娃的系列产品"和"福建海川药业"的标志。

对于初学者，视频广告脚本可以按下述步骤撰写：

（1）描述故事发生的场景，如果场景有明显的特征，如天气冷暖、白天黑夜等，也要写要出来。

（2）描述故事中出现的人物，介绍人物的特征，包括外貌、衣着等。

（3）展开描述故事的剧情，比如上例中婴儿在浴盆中拿着沐浴露的泡泡玩耍，妈妈舀起一瓢水冲洗婴儿头发上的泡泡等。

（4）写出产品实物、广告语、标志的展现方式。

2. 分镜头脚本

创作成一般视频广告脚本后，还要把它创作成分镜头脚本。分镜头脚本的作用就好比建筑大厦的蓝图，是摄影师进行拍摄，剪辑师进行制作的基础，也是演员和所有创作人员领会导演意图，理解剧本内容，进行再创作的依据。

分镜头脚本要用文字来描述广告场景、动作、对白和音效。分镜头脚本的标准格式是制作一个表格。左列说明镜头是全景、中景、近景或者特写。镜头旁边的格子说明画面内容。画面内容要用文字来描述广告的场景、人物、动作、神态等画面。画面内容右边的格子是视频广告词。广告词分两种：一种是旁白，另一种是字幕。广告词旁边是音效，比如蝉鸣声、打鼓声、音乐声等。最右边是视频画面需要的时间。

要注意，画面内容部分是影视语言，而非文学语言，一定要描述得有画面感。例如，上述例子里，男同学玩"地球"的情景，用分镜头脚本表达就是，"男孩先用一根手指转动地球，然后让'地球'在肩膀上左右滚动。"

耐克"地球仪篇"广告和"茶娃婴儿沐浴露"广告的分镜头脚本见表10-1和表10-2。

表 10-1 耐克"地球仪篇"广告分镜头脚本

序号	镜头	画面内容	文案		音效	时间
			旁白	字幕		
1	中景	窗外骄阳似火、蝉鸣阵阵,整个教室特别安静,同学们都很无聊			蝉鸣声和写字的粉笔声	1s
2		地理老师放在讲桌上地球仪的"地球"突然摔了下来,滚落到了第一排一个男同学的桌子上	老师讲:联合国设立了机构		打鼓声	2s
3		男同学接到"地球"后,看了一眼讲台,发现老师正对着黑板写东西,没有注意这个"地球"脱落的事情	老师讲:安全理事会		打鼓声	1s
4		男同学突发奇想,大胆地拿起"地球",像玩花式篮球一样玩耍起来,引得其他同学纷纷围观	老师讲:致力于解决国与国纠纷	随时	打鼓声	8s
5		男同学玩得不亦乐乎的时候,一不留神,把"地球"掉在了地上			打鼓声,咚的跌落声响	1s
6		老师听到响声,转过身来。这个男同学赶紧捡起"地球",手忙脚乱地把它放到了讲桌上		画面显示耐克的标志	打鼓声	4s

表 10-2 "茶娃婴儿沐浴露"广告分镜头

序号	镜头	画面内容	文案		音乐	音效	时间
			旁白	字幕			
1	俯视近景	画面中飞出两只蝴蝶,从近到远,俯瞰绿油油的远山				叮咚	1s
2	俯视中景	叶子从水里慢慢托起一个塑料娃娃,塑料娃娃身上穿一个绿肚兜,肚兜上有个"茶"字	以茶养娃	以茶养娃	叮咚音乐		2s
3	平视中景	塑料娃娃举起双手,从水中冲出,掀起许多水花,接着茶娃产品从画面的下边升起到画面中央	婴童护理佳品	婴童护理佳品	叮咚音乐		1s

(续)

序号	镜头	画面内容	文案		音乐	音效	时间
			旁白	字幕			
4	特写	一个婴儿用沾满泡泡的小手，正用力挤压茶娃沐浴露，此时沐浴露轻松起泡，画面只露婴儿胳膊和挤泡泡的小手		婴童护理佳品	叮咚音乐		2s
5	中景	穿着浴巾的妈妈，在浴盆旁笑嘻嘻地给浴盆里的婴儿洗澡，婴儿坐在充满水的浴盆里玩泡泡；浴盆的对面有个四五岁的小姐姐拿着塑料管挑着一个大泡泡玩耍	茶娃	茶娃，宝贝的珍爱，妈咪的选择	叮咚音乐		1s
6	近景	婴儿也拿着小塑料管挑着一个小泡泡玩耍，妈妈正用沾着大泡泡的手在孩子皮肤上轻抚清洗	宝贝的珍爱	茶娃，宝贝的珍爱，妈咪的选择	叮咚音乐		1s
7	近景特写	妈妈举起手中的杯子，缓缓地把水倒在孩子头上，冲刷孩子头发上的泡泡。此时，孩子用两只小手开始抓头发	妈咪的选择	茶娃，宝贝的珍爱，妈咪的选择	叮咚音乐		1s
8	中景特写	画面出现茶娃的系列产品			叮咚音乐		1s
9	中景特写	福建海川药业和标志		福建海川药业的名字和标志	叮咚音乐		3s

3. 故事板

故事板是广告脚本的视觉草图，它是借助美术手段对视频广告脚本所做的视觉化的效果草图，它是脚本视觉化的产物。故事板是帮助广告人向导演和客户解释广告创意的视觉化的说明工具。通常情况下，广告人把它变成分镜头脚本，然后找美术人员根据脚本中的场景和剧情绘制出一幅幅画面。故事板比视频广告脚本更细致，更清晰，并且有趣。

故事板形式通常是一个连续的长方形画框,在这些画框里画广告人物故事和场景。画框的旁边或下面是画面说明、声音说明、音效,以及音乐的说明,还有其他文案。

一个故事板通常具备以下内容:一共有多少种场景;场景展示什么内容;每个场景需要多长时间;演员在荧屏上会说什么台词;画外音说些什么;每个场景需要什么音效;将会有什么样的音乐;将会在哪里用到什么特技……

故事板的作用很大,导演需要根据故事板的画面拍摄;后期视频需要根据故事板剪辑;广告人需要故事板说服客户;广告审查机构需要故事板来审核广告;成本预算需要故事板来预算成本花费;制片公司需要故事板估计制作成本。图10-6为婴儿沐浴露广告的故事板。

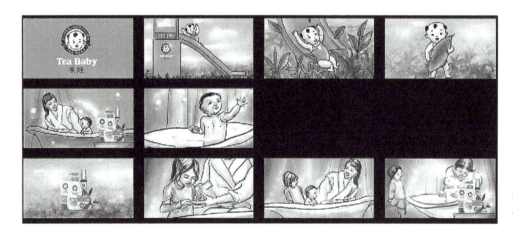

图10-6
婴儿沐浴露广告的故事板

4. 视频广告词

真正出现在视频广告中的文案,我们叫作解说词,也叫作广告词。这些广告词是可以显示在广告中的,不管是用语言来解说,还是用文字来显示,都要出现在视频广告中。

视频的广告词包括画外音解说、人物独白、人物之间的对话、歌曲、字幕、和广告语等。每一则视频广告,可以根据创意和主题的需要,取其中一两种,不一定要包罗万象、贪多求全。

广告词的作用：弥补画面的不足，即用听觉来补充视觉不易表达的内容；揭示和深化主题；进一步强化品牌或信息内容。

广告词的写作要求有以下几点：

（1）写好人物独白和对话，偏重于"说"，要求生活化、朴素、自然、流畅，体现口头语言特征。

（2）对于旁白或画外音解说，可以是娓娓道来的叙说，或者抒情味较浓重的朗诵形式，也可以是逻辑严密、夹叙夹议的理论说明。

（3）以字幕形式出现的广告词要体现书面语言和文学语言的特征，并符合电视画面构图的美学原则，具备简洁、均衡、对仗、工整的特征。

（4）重点写好广告词中的标语口号，要求尽量简短，具备容易记忆、流传、口语化及语言对仗、合辙押韵等特点。

（5）按镜头段落为序，一个镜头一段。广告解说词与电视画面的"声画对位"。

示范乡村振兴项目

沁州黄小米的广告创意表现

大广赛项目

JUNPING（俊平）洁面慕斯的广告创意表现方案

1. 平面广告创意

"雪莲"这两个关键字可以让消费者联想到"青藏高原雪山、圣洁纯净""雪莲稀有"等，因此平面广告创意会采用雪莲花、高原雪山、藏文字元素，并且广告画面要有JUNPING（俊平）品牌标志，还必须有"抗疲劳全天然植物雪莲补水洁面产品"和"JUNPING（俊平）洁面慕斯更适合中国人肤质"这两句话。这就是平面广告的草图方案，后期会有专业的摄影师和平面设计制图师来设计制作。

2. 视频广告创意:"舒缓雪莲篇"

视频广告创意同样结合了雪莲生长的纯净环境来表现产品卖点,并结合目标消费者群体的肌肤问题,还原产品的使用场景,体现产品的功效。表10-3为舒缓雪莲脚本。

表10-3 舒缓雪莲脚本

镜头号	景别	时长	画面内容	台词	配乐
镜头一	近景+特写	3s	阳光投射进办公窗,职员小丽正对着电脑做策划书,面露倦色	无	空调的微风声
镜头二	特写	4s	小丽面前的电脑屏幕还在亮着,桌面上有打开的策划方案,微信对话框显示"黄部长:这次策划提案的竞争激烈,你的方案不错,下午路演要好好表现啊!加油!小丽:谢谢部长信任!我不会辜负部长厚爱!"	无	空调的微风声
镜头三	近景	2s	闹钟声响起,中午12点钟,小丽挣扎起身关掉闹钟,一路小跑到洗手间	无	(1)手机闹钟声 (2)小跑音效
镜头四	近景+特写	2s	(卫生间内)小丽透过镜子,看到镜中的自己倦容满面,两眼乌青。 小丽摸摸灰暗的脸,面带愁容	小丽:下午怎么见人呢?	小丽叹气声
镜头五	近景+特写	8s	此时,室友小俊出现在小丽的身后,拍了拍她的肩膀,从背包中拿出一瓶洁面慕斯	小俊:俊平洁面慕斯,可以洗去脸部疲劳,利用雪莲补充水分,焕发脸部青春光彩	(1)产品出现时增加"出现"音效 (2)瓶身闪光增加"闪耀"音效

炮制一场轰轰烈烈的亮相：广告创意表现

(续)

镜头号	景别	时长	画面内容	台词	配乐
镜头六	近景+特写	10s	（1）小丽沮丧地说： （2）小俊拿着俊平洁面慕斯回答：	小丽：我皮肤敏感，以前用的很多产品都过敏、伤皮肤，这能行吗？ 小俊：俊平洁面慕斯是根据中国人肤质研制而成的，采用纯天然植物雪莲精粹，安全不伤皮肤	无
镜头七	近景+特写	1s	小丽接过洁面慕斯，镜头特写俊平抗疲劳雪莲补水洁面慕斯瓶身，瓶身闪过一道光	无	无
镜头八	近景+中景	3s	小丽按压泵头，挤出泡沫，嗅到微微的清雅幽香，突然感觉自己置身于纯净的雪域高原。小丽用洁面泡沫按摩脸颊，感觉自己与这纯净的雪域、蔚蓝高远的天空融为一体（画面：小丽手捧洁面泡沫，环顾四周，周围竟是一片雪水融化后变成潺潺溪水从山顶流下，山间溪旁开满了雪莲花的雪域高原的纯洁景象）	字幕+旁白： 雪莲芬芳，由面及心，浸润骨髓	欢快音乐
镜头九	特写+中景	4s	小丽抬起头，皮肤变得洁净细腻，水润透亮，倦怠疲劳之色一扫而光，感觉自己似乎能腾空而起，俯瞰这纯洁无瑕、雪莲怒放的美景	字幕+旁白： 雪莲精粹，源自自然，抗疲劳补水，焕发青春光彩	欢快音乐
镜头十	中景+特写	5s	（1）会议室里，小丽进行路演展示，发言完毕，台下响起热烈掌声。小丽向众人点头致谢，笑意盈盈 （2）画面逐渐虚化为背景，广告语出现于画面中间，俊平抗疲劳雪莲补水洁面产品出现在广告语上面	广告语"洗净脸部疲劳，俊平清润雪莲。"	（1）热烈掌声 （2）欢快音乐

3. 线下广告创意活动

"雪域寻莲，拥抱自然"夏令营体验活动。

由《中国国家地理》和 JUNPING（俊平）联合举办，通过报名的方式在全国各地招募大学生进行"雪域寻莲，拥抱自然"的夏令营活动，并且现场实时直播。活动内容：①由专业团队带领大学生参观用雪莲等材料生产洁面产品的杭州工厂；②由专业团队带领大学生踏上一场为期六天的雪域寻莲之旅活动（开着大巴车，载着几十位大学生到青藏高原上寻找野生雪莲，了解雪莲的生长地青藏高原，探访青藏民俗人文景观，赏青藏自然美景，亲身体验雪莲的珍贵）。

经典案例赏析

资生堂彩妆视频广告创意表现和新媒体策略

资生堂于1872年成立，是日本化妆品品牌，也是世界上知名的化妆品品牌之一。产品价格相对比较高，主打轻奢，对年轻人而言价格过于高昂。但是，资生堂又不愿意放弃年轻的消费群体，因此近年来推出了平价的彩妆系列产品，如"恋爱魔镜""心机彩妆"等，这些产品是学生或年轻上班族可以消费得起的化妆品。

资生堂的平价彩妆系列广告目标受众主要针对16～22岁的消费群体。由于针对年轻消费者的广告，与资生堂以往走的轻奢路线有所不同——这个年龄段是人生中最青春、最有活力的，也是大多数女性皮肤状况最佳的年龄阶段。她们从小生活在互联网时代，在新媒体上聊天、社交、获取资讯和知识等，喜欢在不同的社交媒体上穿梭。于是资生堂利用社交媒体这种趋势，从电视、PC等传统广告投放中走出来，适时配合微信、微博、短视频等移动社交媒体，实现更大深度的传播价值。同时，让电视、PC的品牌营销与手机、平板等移动终端互动。

资生堂彩妆短视频广告创意

针对年轻消费群体的特点，资生堂制作了短视频广告在网络上传播。2015年年底，资生堂推出了"女高中生的化妆秘密"短视频广告。广告采用近距离特写拍摄了一位化着淡妆，打扮知性的女教师，优雅地走在教学楼的走廊里。紧接着这位女教师推开教室门，在悠扬的音乐声中，镜头慢慢拉近，视线在女学生之间游走。这些女学生姿态各异，镜头不时地停顿下来，给她们以面部特写："她们画着透明自然的妆容，表情可爱，透露着青春的气息。"紧接着，画面停留在靠窗边的一位女学生身上。镜头逐渐拉近，停留在女学生手中拿着的书上，书上写着"这间教室里有男人哦，注意到了吗？"

此时，画风突变，快速回放。在一段轻快有力的音乐中，每位女学生都被还原成最初的模样。这时，才发现真相，原来教室里的女学生都是男生化妆表演出来的。更令人惊叹的是，门外端庄的女老师摘掉头套后，变成了一个严厉的男老师。此时，音乐结束，画面定格在资生堂的化妆品上，在其围成的小圈里还放着一张纸，写着"每个人都可以变得可爱"。

这则资生堂短视频广告以男扮女装的形式告诉观众，"连男生都可以变得这么可爱，你为什么不能呢？"广告除结尾对产品的强调突出外，所有画面都没有专门的产品特写和品牌 Logo。但此处无声胜有声，观众自然而然地从故事中明白一切都是化妆品的神奇力量，从而达到了传播品牌的效果。

2016 年年初，资生堂又运用类似的手法进行彩妆广告拍摄。视频刚开始，八位风格不同的女孩整齐地出现在镜头前：有温柔恬静的 OL、有造型夸张的少女、有酷酷的 Hip Hop 女孩儿、有画着晒伤妆的文艺萝莉，甚至还有日本传统的"艺伎"等。不一会儿，画面开始加速倒放，原来要进入卸妆环节。八位女生妆前的样子，不论男女都很好奇，短短 8 秒，8 位女生齐齐卸好妆以素颜示人。这时，广告才开始进入重点。原来，这 8 位女孩竟然是同一个人。资生堂这支广告的意义在于告诉消费者："你可以根据自己的心情和想法自由自在地成为你想成为的人，享受每天化妆的过程。"与上一支广告"女高中生的化妆秘密"的理念起到承前启后、相互呼应的作用，以鼓励消费者勇敢追求美，不需要拘泥于形式。

资生堂彩妆新媒体媒介的选择

资生堂根据其彩妆目标受众的特点,把"女高中生的化妆秘密"短视频选择用网络媒介来投放。首先资生堂把该广告投放在Facebook(脸书)和YouTube(优兔)两个平台。该短视频广告在YouTube上发布一周就获得了200多万次的点击量。在我国,该广告投放在新浪微博、优酷、腾讯视频、爱奇艺、bilibili(哔哩哔哩)等媒体平台上。在微博上并非直接由资生堂官方微博投送,而是借助知名博主,以幽默打趣的文案,推送到用户视野中。在文案配字上,甚至打出"亚洲四大邪术之一的日本化妆术"来吸引眼球。根据微指数统计,2015年10月20日,搜索"资生堂"等关键词,排名第一的热议微博为"女高中生的化妆秘密",热议指数达181 13次。该话题关注度在一天之内迅速高涨。两天后,仍保持7694次的关注度。

与传统的广告手段不同,"女高中生的化妆秘密"主要借助新媒体传播平台进行营销,以大数据为依托,这样可以做到消费者定位准确、信息传递到位。用户通过微博发表日常生活状态,不仅积累了性别、地域、教育、职业等基本信息,甚至收集到了喜爱偏好、性格偏向等隐性数据。再经过合理的集合、归纳、分析、管理后,能就勾勒出用户形象,来对用户进行标签化设定。在移动互联网发展的当下,大数据成为企业发展过程中的重要手段。利用这些新媒体平台的数据分析,资生堂可依据目标人群,有目的地选择其推送载体,比如知名博主的粉丝效应迅速炒热话题。由此,保证产品信息能及时、准确地传递给目标客户。

社交平台是用户凭借个人兴趣决定是否以转发、评论的形式参与互动,这些传播不需要投放太多的人力、物力,从而节省了成本。资生堂仅需承担知名博主的广告费用,该形式的广告费与投放在电视等传统媒体的广告费相比,价格大大降低,且不受广告时间的约束。可以说资生堂广告"女高中生的化妆秘密"既节约了成本,又达到了宣传效果,其传播效果非常成功。

资料来源:摘自《新媒体广告营销案例集》(第三辑)280—284(郭斌,王晨慧主编,中国经济出版社,2021.5)。根据内容需要有添加和删减。

课后实践任务

广告创意表现方案

1. 请根据产品的广告主题或者卖点来画一张思维导图。

2. 请用产品思维导图中的一个闪光点进行平面广告创意，并寻找最佳的创意方案。用文字说明你的创意，内容包括广告宣传的主题、标题、副标题、标语、口号，广告正文以及创作思路，并制作成平面广告图形。

3. 请用产品思维导图中的一个闪光点进行视频广告创意，并寻找最佳的创意方案。用文字说明你的创意，写出电视广告分镜头脚本。

4. 请你设计新媒体上传播的广告内容，用文字说明你的新媒体广告创意，内容包括广告宣传的主题、标题、副标题、标语、口号，广告正文以及创作思路意图等。

要求：

（1）3~5人一组，并结合小组的产品（项目）进行讨论。

（2）每位同学都要积极参与讨论，发表自己的观点。

（3）根据讨论的结果将电子文件或纸质文件上交老师。

（4）每组选派一人上台发言。

如果说广告创意是为了吸引人关注，那么广告媒体传播就是为了让更多人看到、知道。那么这个广告媒体有多重要呢？

根据专家统计，90%的新产品在上市9个月内宣布失败，每个项目亏损平均金额在100万元以上，有的甚至亏损1亿元以上。新产品的失败概率非常大，能活下来的少而又少。

喜之郎2006年做了一款新奶茶叫cici奶茶（现在改名优乐美奶茶），六种口味，这款新奶茶上市推广3个月，销量就达几亿元，三个月时间喜之郎cici奶茶就成了年轻小资的最爱。这是什么原因？

答案是广告媒体选择和媒体策略做得好。

喜之郎cici奶茶针对18~24岁的青春小资女生。青春小资女生在哪里呢？喜之郎在哪里做广告能让这些青春小资女生看得见呢？

调查发现2006年我国网民数达1.37亿，这些网民大部分是18~24岁的年轻人。在这1亿多网民里，差不多一半是年轻女性。那个年代人们一打开电脑，就把QQ挂在上面，使QQ成为当时最火的软件，QQ的火带动腾讯网也成为我国访问量第一的门户网站。

喜之郎抓住商机，在腾讯网做了一个"窝"——cici网络奶茶馆，这个馆不是卖奶茶的，而是奶茶网络社区。如果说星巴克是办公室和家以外的第三空间，那么cici网络奶茶馆就是"青春小资女生"的第三空间。

为了能让更多人看到cici奶茶和cici网络奶茶馆，喜之郎多层面地选择了腾讯QQ产品线打广告，比如QQ客户端、腾讯首页、腾讯女性频道、腾讯娱乐频道、腾讯笑话频道、腾讯博客频道等。

新媒体QQ是"聚光灯"——照到哪里哪里亮，在推广的3个月中喜之郎cici奶茶品牌获得了媒体的极大曝光，吸引年轻女性蜂拥而来。当时喜之郎的广告在腾讯网的总曝光数达51亿次，仅cici网络奶茶馆就达到1655万人次。这么大的曝光量，假如10个人里有一个人购买，销量就相当可观。

因此，一个产品要能卖出去并且销量大，首先必须获得更大的曝光，必须接触更多的消费者。产品销售的核心不是产品有多好，而是能不能有效地把它传播给真正的客户。只要传播足够多足够广，成交的机会就多。

因此，要让潜在消费者知道这件事情，就要研究怎么把它传播出去，去哪里传播，找什么样的媒体传播，用什么样的媒体策略传播……要清楚这些必须了解传播的媒介和媒体。

第十一章 曝光效应：媒体策略

一、媒介和媒体

媒在汉语里通常是指使双方发生关系的人或事物，介就是位于两者之间。

媒介就是能使人与人、人与事物或事物与事物之间产生联系的物质。对于广告来说，广告信息要传播出去需要一个中间的承载体，这个承载体就是我们这里所说的媒介。无论是电视、手机、户外广告牌、公交车，还是其他载体，只要能承载广告信息，都称为媒介。

媒介就是传播过程中扩大并延伸传播信息的工具。传媒界大师麦克卢汉认为媒介是人体器官的延伸。文字和印刷媒介，延伸了人的视觉能力，让人有了"千里眼"；广播延伸了人的听觉能力，让人有了万里耳；电影、电视延伸了人的视觉、听觉能力；而新媒体延伸了人的听觉、视觉、触觉能力等。

人与事物发生关系的中间的那个机构和平台，我们叫作媒体。

媒体（Media）就是大众传播媒介，是指传播信息的中介物平台机构，凡是能把信息从一个地方传送到另一个地方的称为媒体。大众传播工具是指电视、广播、报纸、互联网等。

广告媒体是指使广告主的信息传播给广告媒体受众的平台机构。媒体位于广告主和消费者之间，是品牌与消费者接触的主要管道。

媒介和媒体的区别就是：媒介是传播信息内容的介质，媒体是组织生产信息内容的平台机构。假如媒介是电视，媒体就是电视台；假如媒介是报纸，媒体就是《南方都市报》《楚天都市报》《北京晚报》等机构；假如媒介是手机，媒体就是网易、腾讯、今日头条、抖音等机构……

媒体是时代的产物，随时代变迁，媒体传播方式也日新月异，致使市场上除了传统媒体外，出现了数量庞大的新媒体。今天是微博，明天是微信，后天是小视频，大后天是各种小程序，"变"成了唯一不变的东西。

媒体主要分为两大类：传统媒体和新媒体。

传统媒体主要包括电视、广播、报纸、杂志等传统意义上的媒体。

新媒体主要是指各种门户网站、微信、QQ、新浪微博、今日头条、短视频App、简书、知乎等媒体。这些媒体是利用数字技术，通过计算机网络、无线通信网等渠道，通过电脑、手机、数字电视机等终端，向用户提供信息和服务的传播形态。

二、广告媒体评估的标准

广告媒体评估是对报纸、杂志、广播、电视、户外广告及网络广告等媒体的评估。评估各媒体的特征及消费者如何接触各种媒体。

以前的广告更有效，那是因为只有两个频道，广告就在这两个台做，大家都看得见。后来变成20个频道、120个频道……之后又出现新浪、搜狐等门户媒体，再后来微博、微信、抖音、快手等新媒体出现……这么多传播渠道可供选择。你不清楚把广告放在哪个媒体会让消费者看到，再加上这些媒体上有上百个节目，你更不知道广告在哪里收口，这就是广告面临的问题。

在广告活动中，绝大部分费用是用来购买媒介和广告时间、空间的。如果媒介选择不当或组合不当会造成广告费用的极大浪费。

要选择合适的广告媒体，就必须有评估媒体的标准。

1. 媒体发行量或收视率

报纸、杂志等出版物的发行量就是销售的数量。例如，《楚天都市报》曾一天发行80万份，其中武汉的发行量60万份；《知音》杂志一个月发行一次，一次的发行量曾突破450万册。

电视广播等媒体的收视率是指看某档电视节目或广播节目的人数与拥有电视机、收音机的全部人数之比。例如，武汉有1200万电视观众，2022年3月在武汉电视台二套播出的《警察荣誉》电视剧有120万人观看，那么收视率就是10%。通常用媒体的数据和影响力大小来判断媒体的价值。这两个数据越高，说明这个媒体在这个广告时间或广告空间的广告价值越高。

这就是电视台用各种手段提高电视节目收视率的原因。节目越火，价格就越高。一旦收视率下降，媒体收入就会受到影响。

2. 有效受众规模

受众具体而言就是报纸的读者、广播的听众、电视和电影的观众、演讲的听众、网络的用户等。受众可以指一切在信息传播活动中的信息接收方。那么广告受众就是指广告信息的接收者。从表面看，承载广告媒体的所有受众都能成为广告受众，但广告不是针对所有人的，而是针对特定人群的。因此，广告媒体受众并不等同于目标受众。广告媒体受众与目标受众有以下5种关系：

（1）广告媒体受众等同于目标受众。如JUNPING（俊平）洁面慕斯的目标受众是女大学生和22~28岁的白领，准备选择《东方美容》杂志作为广告媒体。假如《东方美容》杂志媒体的受众也是女大学生和22~28岁的白领，那么这就是广告媒体受众等同于目标受众，这种情况非常少。

（2）广告媒体受众少于目标受众。例如，JUNPING（俊平）洁面慕斯选择城市里的电梯楼宇作为广告媒体。城市里的电梯楼宇可以覆盖白领，但覆盖不到大学生。这说明广告媒体受众覆盖不足，需要进行媒体组合。

（3）广告媒体受众大于目标受众。例如，JUNPING（俊平）洁面慕斯选择中央电视台媒体，不但覆盖白领、大学生，还覆盖老人、小孩等，说明媒体购买存在资金上的浪费，所以仍然需要进一步调整媒介组合。

(4) 广告媒体受众和目标受众部分交叉。例如，JUNPING（俊平）洁面慕斯选择《南方都市报》媒体，受众是中青年知识分子。中青年知识分子里包括一部分白领和一部分大学生。广告媒体受众只有产品的部分目标受众，还存在没有覆盖到的目标受众，说明媒体有所偏差，需要对其进行调整和重新布局。

(5) 广告媒体受众与目标受众没关系。例如，JUNPING（俊平）洁面慕斯选择《科技中国》杂志作为广告投放媒体。《科技中国》杂志目标受众是中国科学院的科研人员和大学理工科老师，这和 JUNPING（俊平）洁面慕斯目标受众几乎没有交集。说明媒体选择策略严重失误，需要重新选择合适的媒体。

只有那些广告诉求对象的人看到才是有效受众。因此，这里又提到一个概念有效受众。有效受众是指接触媒体的具有广告诉求对象特点的受众人群。也就是说广告媒体受众和目标受众相交叉的那一部分人，才是有效受众。广告媒体的有效受众越多，广告传播越有效。

3. 目标受众的资讯渠道和生活空间

要"围捕"消费者，就要知道消费者在哪里出现，从哪里经过，平时接触什么媒体。要知道这些就必须了解消费者的资讯渠道和生活空间。

资讯渠道是指某一消费群通过什么媒体获取信息。消费者是从报纸、电视上获取信息还是从手机上的今日头条或者网易上获取信息。

生活空间是指一个人的生活行为轨迹，如上班、睡觉、购物、看电影、出行等生活行为的轨迹。

由于人的年龄、职业、教育、家庭、收入等不同，接触的媒体渠道与生活空间是不一样的。例如，大学生获取信息的渠道主要是今日头条、网易、抖音、微信、QQ等；大学生的生活空间主要在校园、教学楼、寝室、食堂、操场。因此，选择在今日头条、网易、抖音、微信平台上发广告信息，大学生会看到；广告放在寝室、教学楼、食堂、操场，大学生会接触到。

老人们喜欢在公园散步，或者在广场上跳舞，因此卖适合老年人的保健品的广告，一般在公园里和广场上的户外宣传栏里更有效；儿童喜欢看动画片或者绘本，因此儿童食品广告，一般会在儿童动画片、绘本上发布；卫生用品的广告，贴在厕所里更有效。

因此，要分析目标受众的生活行为轨迹，他们在哪个平台上聚集，有哪些上网行为，关注哪一类新闻、加入哪一类群、讨论哪一类话题等。分析目标受众的行为轨迹，就会找到正确的信息传播渠道。

4. 媒体的成本

媒体价格是媒体选择的关键因素。作为企业，肯定要选择性价比高的媒体，媒体成本是重要的评估指标。对媒体成本比较分析，常见的有以下几种核算方式。

（1）CPM（Cost Per Mille，千人成本）。CPM 是指广告展示给 1000 人所需要的费用。它是一种展示付费广告，只要展示了客户的广告内容，不管消费者有没有看到，都要为此付费，这里的展示也称为曝光。

成本一般是按个人的成本计算，为什么广告要按千人成本计算呢？因为金额太少，通常只有几分钱，不好计算，所以一般用千次展示来衡量广告展示的价格。

传统电视、报纸、杂志、户外等媒介多采用这种计价方式。现在国内大型网站的首屏广告和很多弹窗广告也用这种计价方式。弹窗广告一般 10 元左右展示 1000 个 IP 地址。

电视、报纸、杂志、户外等媒体，由于目标受众不精准，只能知道媒体的发行量和大概的受众数，因此只能按一定时期的总价付费。

$$CPM = 消耗/展示 \times 1000$$

假如商品投放广告花了 1000 元，获得了 50 000 次展示，那么 CPM = 1000/50 000 × 1000 = 20（元）。

（2）CPT（Cost Per Time，按时长付费）。这是一种以时间来计费的广告，国内绝大多数网站包月广告都是以时间来收费的。阿里妈妈的按周计费广告就属于这种计费形式。这种收费模式简单易用，客户自主选择的空间大。

（3）CPC（Cost Per Click，按点击付费）。按点击付费是一种点击付费广告。广告展示免费，光看广告不收费，只有用户点击了才会收费，每点一次计一次费。这也导致竞争对手不停地点，于是有些联盟广告规定，一个 IP 在一段时间内点 2 次以上只计算一次费用。这样的方法可以增加作弊的难度，而且是宣传的最优方式。点击是展示的下一步，用户只有看见了，才可能点击，因此一般点击的人数会比看到的人数少很多。如关键词广告一般采用这种定价模式，比较典型的有 Google 的广告和百度竞价广告，以及淘宝的直通车广告。

$$CPC = 消耗/点击数$$

例如，一个产品投放广告花费了 1000 元，获得了 5000 次点击，那么点击成本就为 $1000/5000 = 0.2$（元），如果换成千人成本就是 200 元。

这里提到一个概念叫点击率。点击率是广告的点击次数与总的曝光次数的比值，如果广告页面被浏览了 10000 次，而广告的点击次数为 100 次，则该广告的点击率为 1%。点击率可以比较客观地反映广告效果的好坏，是网络广告吸引力的标志。广告点击率越高，越吸引人，投放效果越好。

（4）CPA（Cost Per Action，按行动付费）。按行动付费是一种按投放实际效果计价方式的广告，即按收回来的有效问卷或注册数来计费，不限广告投放量。现在信息流广告很多都是以这种方式计费。

这种计价方式对于网站而言有一定的风险，虽然展示了广告，但是因为广告文案没有吸引力等，导致用户没有行动，收不到费用。

这种广告方式是客户和广告媒体自己商定价格。例如，如家连锁经济品牌酒店在投放网络广告的时候，按照每注册一个会员，给网站付 20 元。

（5）CPS（Cost Per Sales，按销售付费）。按销售付费，就是按实际销售多少产品数量来计算费用的广告，也就是点击都免费，只有用户购买了产品才收费。这种广告形式多适合购物类、导购类、网址导航类等网站使用。这种形式的好处是相对容易得到客户的认同,但大型媒体一般不会采用这种结算方式,除非卖不掉广告位。

根据以上几种计算方法,可以比较和评估媒体,选择性价比最高的媒体。

5. 媒体形式是否适合

不同的媒体,扮演着不同的角色,同时也达到不同的效果。

电视广告则比较适合行为广告和告知广告。电视广告常常将产品和一个美妙的时刻联系起来影响消费行为。比如,啤酒电视广告常常把和朋友们一起喝啤酒、看足球赛、欢愉的聚会等情景联系起来。这种互动氛围很容易刺激消费者的购买欲望。电视广告是告知性媒体,时间很短。电视广告投放最多的是食品、药品及化妆品广告。

报纸说明性的广告,比较适合认知广告。报纸广告投放最多的是房地产、零售、汽车等产品,因为这些产品需要大量文字介绍。

杂志广告也是说明性广告,并且比报纸专业性更强。它投放最多的是化妆品、服装饰品、汽车、电脑及相关产品的广告,因为这些产品不但需要文字说明,还需要色彩来展示产品细节。

户外广告是一个品牌形象载体,不需要在上面过多说明,只是提醒消费者不要忘记这个品牌,这是一个很好的品牌形象媒体。因此这种户外广告大多传播企业的口号和理念,加个全幅的图形,说明性文字不多。

目前,市面上流行的社交渠道有微信服务号、订阅号、微博、小红书、知乎、抖音、快手……通过这些渠道,企业可以选择自主运营或与平台、达人们进行内容合作。

每个渠道都依据自己的特性有不同的价值。比如微信公众号适合构建私域流量,树立品牌形象;微博适合品牌曝光、事件营销、异业合作;小红书适合品牌种草、口碑营销、电商变现;抖音适合品牌年轻化、流量运营、电商变现;知乎对内容要求高,适合塑造品牌专业形象;B站是年轻人高度聚集的文化社区和视频平台,适合品牌曝光和做产品测评;快手适合下沉市场,做企业直播。企业要根据自身情况做系统的传播策略规划。

6. 媒体的权威性和档次感是否匹配

媒体的权威性会直接影响广告内容的可信度。同样是电视媒体，CCTV和湖南卫视的感觉就不一样。前者是官方权威的形象，以主流人群为目标受众；后者则走娱乐化路线，以年轻人为目标受众。

信息源的权威度越高，信息就越可信，说服效果也就越好。成都恩威集团曾经花巨资在长征二号捆绑火箭上打广告，许多人问："火箭飞得那么快，消费者根本看不到广告，并且也不让消费者现场观看，这样的广告有意义吗？"

实际上，这种广告传递给受众的信息远远不止"恩威集团"四个字；更重要的是传递"恩威集团是有实力的集团，是国内领先的集团"，这才是传播给受众的主要信息。这种有实力和领先的信息不是电视广告和网络媒体能传播出的效果。如果在广告中说："恩威集团是有实力的集团，是国内领先的集团"，请问可信度有多高。因此，这样的信息通过火箭承载更具有可信度。

同样，广告承载的媒体档次也会直接影响产品的档次。媒体档次越高，意味着广告文本所传播的产品的档次也越高。香奈儿就曾经拒绝过某新创刊的时尚杂志免费送的广告页。

企业可以根据以上几个方面的分析，给产品广告选择适合的广告媒体。

三、媒体运营计划

企业选好适合的媒体后，还要做媒体计划。媒体计划就是使用媒体的日程安排，如明确传播时间、确定传播数量、明确传播区域、媒体预算分配等一系列的计划和决策。

1. 明确传播时间

我们都知道时间的重要性。一个好的广告在什么时间段推出，直接关系它的成败。

例如，端午节吃粽子，中秋节吃月饼，电热毯、电热炉、电暖气等冬天才热销，电风扇、空调夏天才使用。广告在客户最需要的时候播出效果最好。当下就购买了。

2. 确定传播数量

广告并不是播一次，消费者就知道。时间段不对，消费者是看不到的，就算看到了，也不一定能记住。因此需要不断地重复，不断地强化，消费者才会有印象。计划一天播出几次，一个月总共播出几次，并且在什么时段播出，总共播出多长时间，频率多高，要把这些传播的数量确定下来。

3. 明确传播区域

搞清楚目标受众居于何处？是在城市还是在乡村？是在南方还是在北方？是一个省还是一个县等。根据目标受众的位置选择传播区域，然后确定传播市场位置，再选择广告媒体。毕竟媒体是有覆盖范围的。

4. 媒体预算分配

媒体预算分配就是预算电视广告打多少、户外广告打多少、微信广告打多少、抖音广告打多少，要有一个大概的比例分配。这个分配大多是基于以往惯例的经验值。以日常消费品为例，以往大约是80%~85%的电视广告、10%的平面广告和5%的其他制作物，要是有剩余的预算就放到网络上。现在大约是45%的电视广告、45%的新媒体广告、5%的平面广告和5%的其他广告。

5. 广告暴露频次和到达率

暴露是指看到和听到广告的机会。只要广告在你面前出现过就算暴露。

暴露频次通常是指一则广告信息在一个月内让受众看到的次数。例如一个月暴露4次就是一个月受众看到4次。然后用到达率来衡量目标受众是否看到。

到达率是指一定时期广告信息展示给目标受众至少一次的百分比。例如，一共有 10 个人，第一个星期有 5 个人看了广告，到达率为 50%；第二个星期，有 3 个人看了广告，其中一个人是之前没看过的，那么到达率为 60%，之前看过广告的 2 个人就不再计算进去；第三个星期有 4 个人看了广告，他们都不是第一次看到这个广告，到达率仍是 60%；第四个星期有 3 个人看了广告，其中两个人是之前没看过的，那么到达率为 80%。广播媒体到达率的周期是 4 周，这是由于收集、整理电视、广播媒体有关资料要花费四周时间。

6. 广告媒体排期

广告在什么媒体发布，在什么时间发布，不但要明确，而且还要有方法，根据人脑的记忆规律，我们把媒体排期方法分为下列三种模式：

（1）连续式是指全年无休，没有高峰或低谷的媒体露出方式。所谓的全年无休并不一定是每天都必须有媒体露出，而是指在高峰或低谷上也没有明显地露出比重差异。全年也没明显的空档（约两周）。

（2）栏栅式，又称跳跃式或间歇式，是指播一段时间，休息一段（空一段）时间，广告波段之间出现显著的空档，当然每个波段的比重并不一定完全相等。

（3）脉动式，介于连续式与栏栅式之间，指的是全年露出，但在露出的媒体比重高低上存在显著的差异，有时高有时低。

四、曝光效应

媒体传播一次，消费者马上就买的可能性非常小，传播需要次数的累积才能产生效果。根据人的记忆规律显示，在一个人接触某种信息五分钟后只能记得 60%，一天之后只能记得 30%，一周后往往剩下不到 20% 的印象。为了达到预期的广告效果，需要连续不断地给目标消费者反复地刺激。

味全每日 C 果汁饮料的广告每天重复说，"你要喝果汁饮料"。

听身体的,你要喝果汁!世界在你身上,你要喝果汁!你朝五晚九,你要喝果汁!加班辛苦了,你要喝果汁!不爱晒太阳,你要喝果汁!不会削苹果,你要喝果汁!吃饭的时候,你要喝果汁;睡觉前,你要喝果汁。重复加深了用户对喝果汁这个行为的印象。

1876年古斯塔夫·西奥多·费希纳(Fechner Gustav Theodor)发现一个现象:不管是动物还是人接触一个刺激的次数越频繁,那么他(它)对该刺激就越喜欢,换句话说人们看到某样东西的次数越多,就越信任它,对它喜爱的程度也就越高。没有任何理由,只是因为接触得多了,所以你就会对它产生好感。因为熟悉,所以喜欢。这叫曝光效应,也叫纯粹接触效应。这已被数百次的试验所证实。这就是当我们把一首歌反复听上数遍之后就会喜欢上它的原因。

匹兹堡大学理查德·莫兰德(Richard Moreland)教授做了这么一个实验:他挑选了同一类型气质、长相差不多的四个美丽女孩,然后把这四个女孩巧妙地安排到一个陌生的班上课。当然这个班的学生们并不知道,她们本身就是实验的组成部分。这个班本学期共有40次课。

实验要求这四个女孩不能和班上的其他同学说话,更不能和班上的同学产生感情,并且只能坐在第一排,还要让大部分同学都能看到她们。女孩在课堂上安静地坐着听讲和记笔记,下课后不许跟同学交流,立刻离开教室。这四个女孩的名字不会在班级点名册中,学生们都不认识她们,她们也不认识其他学生。

实验很简单,教授只是让这四个女孩出现的次数不同而已,分别为1次、5次、10次和15次。

学期末教授把这四个女孩的照片在大屏幕上显示,然后对这个班的同学进行市场调查:你觉得这四个女孩的魅力如何?哪个女孩更有吸引力?你愿不愿意与她交朋友?

虽然不同的人有不同的偏好,他们对四个女生产生不同的看法也不足为奇。但既然是同一类型气质的女孩,按我们的想法投票得分应该相差不大,但结果却让人大跌眼镜。

投票结果出来后,分数最高的那位是上过15次课的女孩,上过10

次课的又比上过5次课的得分高，上过5次的比上过1次的得分高。学生们之所以更喜欢某位女孩，只是因为看到她的次数更多。这就是曝光效应。换句话说，在别人眼前出现的次数越多，获得对方好感的程度就越高。

因此，你要坚持做同一种风格、同一个卖点的广告，重复重复再重复，你的产品就会很容易卖出去。

大广赛项目

JUNPING（俊平）洁面慕斯广告媒体策略

1. 媒介分析和选择

我们先分析目标受众大学生的生活空间：大学生的大部分时间在校园里，校园里的寝室、教学楼、食堂、操场，这四个地方是他们的接触点。

因此，针对武汉市场，"'洁'出青春"大学生校园广告活动，我们重点做大学校园的宣传栏、寝室楼门口和食堂的平面广告。武汉有83所大学，把平面广告放置在各大高校的宣传栏、寝室楼门口和食堂。

白领的生活空间：小区、写字楼、超市，因此在武汉大的写字楼里挂电梯楼宇视频广告。

我们再从大学生和办公室白领获得资讯的模式来分析：大学生和白领喜欢上网、聊天交友、刷抖音、看电影、看时尚杂志、发朋友圈、热衷于网购。

根据这些特点，我们选取以白领和大学生粉丝为主的美妆护肤微博，以及娱乐搞笑类微博作为JUNPING（俊平）洁面产品的推广媒体。

通过在微博和抖音等平台发布话题互动活动，开设官方抖音视频宣传账号。在扩大品牌宣传范围之余，既能寻找潜在消费者，间接壮大消费群体，又能拓宽品牌与产品的受众面，让更多消费者以更多样化的形式，不枯燥不呆板地认识和了解品牌及宣传的理念，让品牌及产品得到消费者的认可。

2. 媒介排期

JUNPING（俊平）洁面慕斯媒介排期见表11-1。

表11-1 JUNPING（俊平）洁面慕斯媒介排期

时间	内容
第一阶段 （6月—8月底）	（1）在微博开展#洗净疲劳肌#话题讨论互动抽奖活动，在微博平台进行相关话题有关的热搜与广告投放和购买（6月6日—7月6日） （2）开设JUNPING（俊平）抗疲劳雪莲补水洁面产品官方抖音视频账号，进行栏目视频更新（6月起）
第二阶段 （7月—9月）	（1）关键意见领袖在微博、微信公众号、哔哩哔哩、小红书进行文字或视频式产品宣传（7月—9月） （2）在各大线上网页、视频网站和社交媒体平台与线下实体广告投放视频广告和平面广告（7月—8月） （3）JUNPING（俊平）抗疲劳雪莲补水洁面产品×博物杂志之科普文章发表（8月） 《中国国家地理》和JUNPING（俊平）抗疲劳雪莲补水洁面产品"雪域寻莲，拥抱自然"夏令营体验活动（8月7日—8月14日）
第三阶段 （9月—11月中旬）	（1）线下开展雪莲"'洁'出青春有你在"的校园活动，并在微博、抖音、哔哩哔哩、小红书等网络社交媒体平台投放相关活动预热广告，于校内开展实体广告宣传（9月—11月中旬） （2）在各大线上视频网站与社交媒体平台投放视频广告（9月—10月） （3）JUNPING（俊平）抗疲劳雪莲补水洁面产品×博物小馆联名周边产品发售活动（9月—11月中旬）
第四阶段 （11月—12月）	（1）"双十一"购物节将产品上架大主播直播间开展电商直播带货活动（11月1日—11月11日） （2）JUNPING（俊平）抗疲劳雪莲补水洁面产品×博物小馆联名周边产品"双十一"淘宝公益义卖直播活动（11月1日—11月11日） （3）"双十二"购物节于JUNPING（俊平）淘宝官方旗舰店开展电商直播带货活动（12月1日—12月12日）
后续预备活动 （次年1月—8月）	JUNPING（俊平）抗疲劳雪莲补水洁面产品×博物小馆公益帮扶直播互动

经典案例赏析

武汉首义文化新媒体传播策略研究

我们生活在新媒体时代,每个人都被新媒体内容影响着。近些年来,伴随媒介技术形态的不断演进,新兴媒体大量涌现,微博、微信及微信公众号、今日头条、抖音等新的传播方式出现,各城市在形象传播上除了借助报纸、广播、电视等传统媒体外,也开始利用微博、微信、今日头条、抖音、快手等新媒体平台传播城市形象。武汉市作为首义文化名城,很多历史英雄人物在这片土地上留下了足迹,很多革命活动都留下了遗迹,很多革命精神思想都传承下来……这些都是宝贵的财富,我们可以借助新媒体的传播方式去发扬光大。

要传播武汉的首义文化,首先要建立首义文化官方微博、首义文化官方微信、首义文化官方微信公众号、首义文化官方抖音号、首义文化官方今日头条号等,以广泛延展城市传播辐射力,让受众从不同媒体接触首义文化,从不同角度接收首义文化知识和信息。

首义文化微博作为发声平台,定期发布首义文化活动时间和英雄人物的诞生和逝世等纪念日,提醒受众缅怀和纪念肩负首义文化唤醒的任务;首义文化微信负责受众运营,肩负与受众互动的任务;首义文化微信公众号负责首义文化历史知识传播与运作等;首义文化今日头条号负责发布首义文化新闻、首义文化权威专家解读和评论;首义文化抖音短视频号负责发布首义文化影视剧、纪念性的文娱活动、遗址景区介绍等精彩短视频影像……首义文化新媒体传播矩阵策略见表11-2。

1. 微博:首义文化唤醒

微博平台是一个社会化的公共话语平台,传播力强。微博用户涵盖了社会的各种人群,具有多层次和多元化的特点,这决定了微博中城市形象传播的主体,涵盖了城市的政府机构、企事业单位、本地市民、外地游客等,他们都是城市形象的塑造者与传播者。

要让民众自发传播就要有传播的内容,这就需要首义文化微博不断制造首义文化话语的相关能力。

表11-2 首义文化新媒体传播矩阵策略

平台	首义文化
微博	定期发布首义文化活动时间和英雄人物的诞生和逝世等纪念日，提醒受众缅怀、纪念；肩负首义文化唤醒任务
微信	负责受众运营，肩负与受众互动的任务
微信公众号	负责首义文化历史知识传播与运作等
今日头条	负责发布首义文化新闻、首义文化权威专家解读和评论
抖音	负责发布首义文化影视剧、纪念性的文娱活动、遗址景区介绍等精彩短视频影像

2. 微信及微信公众号：首义文化互动

与微博相比，微信更多的是"熟人互动"。微信用户之间的联系比微博更紧密，不但有一对一的互动微信号，还拥有"微信公众平台"这个庞大的知识信息自媒体平台。因此，有必要建立"首义文化"微信和"首义文化"微信公众号。首义文化微信负责和大众互动，首义文化微信公众号负责创作传播首义文化有关的历史知识内容。

微博作为首义文化纪念信息提醒，非常合适。但由于140个字的限制，它不适合作为首义文化知识的发布和传播，而微信公众号可以弥补这个缺陷。当微博在11月12日这天发布孙中山诞生纪念日信息时，微信公众号就可以用长文来详细介绍孙中山的生平，孙中山在辛亥革命时做了哪些事情。讲好这些历史人物在武汉市的故事，这对传播首义文化具有重要意义。除此之外，辛亥革命武昌首义文化博大而厚重，涉及湖北新政、两湖书院、自强学堂等历史渊源；关联武汉大学、东湖湿地等文化自然景观，这些内容都可以用微信公众号介绍，用微信来传播。当然要用受众喜闻乐见的方式创作和传播，再加上微信由熟人传播，信息更容易被受众接受和相信，"一对一"为主的传播方式，更容易引起受众的兴趣和注意。

3. 今日头条：首义文化的解读和评论

今日头条是我国比较热门的资讯平台，它是基于个性化推荐引擎技术，根据每个用户的兴趣、位置等多个维度进行个性化推荐，内容不仅包括狭义上的新闻，还包括音乐、电影、游戏、购物等资讯。现在中央媒体、省级媒体、地市级媒体，以及各行业媒体超过 3700 家都入驻今日头条，如新华社、光明网、解放军报、新京报、澎湃新闻等。

今日头条的用户量约六七亿，日活跃用户也在千万以上，人群流量丰富。在今日头条平台上建立"首义文化"头条号，发布首义文化最新的资讯，比如第十九届中国（武昌）辛亥首义文化节文艺晚会隆重举行，第二十届辛亥首义文化节文艺会演，首义文化海峡两岸交流会……找首义文化专家来解读首义文化相关的知识，比如"辛亥革命为什么会发生在武昌？""武昌新军为什么起义？""为什么要制定颁布《鄂州约法》？"……

4. 抖音：首义文化遗迹影像的传播

抖音等短视频平台的出现，让城市形象更加立体，更具传播性。抖音短视频展现的是直观的、冲击性的、带有娱乐化快感的过程，更符合年轻人的表达方式和审美习惯，可生动地展示城市的风彩，因此，抖音成为传播城市形象的重要平台。

为什么重庆能成为网红城市，抖音短视频的传播功不可没。2018 年 9 月 11 日，抖音、头条指数与清华大学国家形象传播研究中心城市品牌研究室联合发布《短视频与城市形象研究白皮书》，白皮书分析了近 8000 万条城市形象的相关视频，从播放总量来看，重庆跃居榜首。其中，重庆的李子坝、洪崖洞都是抖音上热度非常高的景点。辛亥革命在武汉三镇留下了一大批珍贵的遗址、遗迹。这些遗址、遗迹已经成为武汉市的旅游景点。诸如新军工程第八营旧址、楚望台军械库遗址、起义门、首义公园、孙中山铜像、辛亥革命博物馆、首义广场、名人故居、历史文化街区等景观文化遗址。这些景点找专业的队伍拍摄，也未尝不会有重庆的李子坝、洪崖洞的传播效果。

比如大连城市记忆拍摄队，这个自发的团队以保护大连特色历史街区，拍摄大连特色历史街区为己任，定期组织历史文化街区拍摄活动，致力于保留大连历史文化街区的影像资料，传播大连历史文化街区形象，以共同的文化记忆,有效地传播大连的城市形象。因此,要想在网络平台迅速传播,必须建立首义文化专业的拍摄队伍。

城市形象短视频创作主体要具有全民参与性,在创作内容上具有市井生活化特性,在展示方式上具有多样性。不少爆款的城市形象类短视频,其创作主体都是个人用户,展示的内容也是自己生活中体验到的现实场景,制作和剪辑上也方式各异,有纪实类的也有情景剧类的,有单场景叙事的也有多场景拼接叙事的,制作者还往往根据自己的解读为内容贴上主题鲜明的话题标签等。从政府视角来看全民参与性,最关键的是如何有效地建构首义文化形象传播新"场景",民众拍摄的首义文化形象要在社交化网络传播中脱颖而出,这是新媒体环境下提升首义文化形象辨识度的关键所在。为了让这些场景具有辨识度,需要在这些遗址、遗迹景点处标设上"首义文化"字眼,这样来构建首义文化场景。

影视节目是大众喜欢的娱乐形式,只要内容好,就具有很大的传播性。因此,在抖音短视频平台上建立"首义文化"影视剧来传播首义文化是非常有效的形式。收集、整理各种与首义文化有关的电影和电视剧,诸如《首义元勋》《辛亥革命》《第一大总统》《孙中山》等,把这些影视剧最精彩的部分剪成短视频,这种形式很容易把观众带入当年硝烟弥漫的战场中,极具冲击力。这种短视频按照一定的频率在各大短视频平台播放,再打上首义文化标签,很容易把首义文化传播到全国各地。

综上所述,推广首义文化,塑造武汉城市形象,就不得不把握时代脉搏。在新媒体时代,城市形象的传播手段和方式更加多元,传播首义文化要积极利用新媒体提供更多的支持,同时也要系统地构建新媒体传播矩阵和体系来传播首义文化,以增强武汉市的竞争力,实现武汉市快速可持续地发展。

资料来源:《武汉首义文化新媒体传播矩阵策略研究》论文,刘世忠(《西部广播电视》,2023-7-8期录用)。

曝光效应：媒体策略

课后实践任务

广告媒体策略

1. 请分析产品（项目）广告的目标受众所接触的媒体，并把这些媒体罗列出来，说明接触的场景和时段。

2. 请根据广告效果最大化原则，结合你的创意需要的表现形式，选择合适的媒体，并说明理由。

3. 确定媒介的时间、规格、数量和频率。

要求：

（1）3~5人一组，并结合小组的产品（项目）进行讨论。

（2）每位同学都要积极参与讨论，发表自己的观点。

（3）根据讨论的结果将电子文件或纸质文件上交老师。

（4）每一组选派一人上台发言。

当项目每个模块的广告方案策划好之后，还需要把这些分散的模块整合起来形成一个系统全面的方案说明书，这种文本形式通常叫作广告策划书。广告策划书是对广告策划思想、广告信息战略，以及广告实施计划的集中表达。我们可以看出广告策划是一个全方位的谋略活动，如同军事上的战略运作，广告策划书便是战役的书面作战计划，计划是否周详关系到企业的兴衰成败，所以要以严肃、科学、负责的态度对待它，决不能闭门造车，或应付了事。同时，我们又要看到撰写广告策划书不仅要有文字功底，还要有广博的学科知识，要掌握市场营销学、消费心理学、人类学、文学、美学、影视写作学、广告心理学、广告战略学等学科的相关知识，以及各种商品的有关知识。

广告策划书不仅集中体现了广告策划的结果，而且是策划人员向上级主管或广告客户说明工作，争取业务的本钱。因此，这一章介绍广告策划书的内容和写作以供读者参考。

第十二章 设定执行广告的行为：广告策划书

一、广告策划书的内容与写作

一般完整的广告策划书有五部分内容，分别是封面、前言、目录、正文和附录。其中正文是广告策划书最核心的部分，其他四部分为正文服务。这里简单介绍封面、前言、目录和附录这四部分内容。

封面：一份完整的广告策划书应该包括一个版面精美、要素齐备的封面，以给广告客户和上级主管良好的第一印象。

前言：简要说明制定本广告策划书的缘由、企业的概况、企业的处境或面临的问题点，通过策划能解决的问题，或者简单提示策划的总体构想，使广告客户在未深入审阅策划书之前有个大概的了解。

目录：在广告策划书目录中，应该列举广告策划书各个部分的标题，必要时还应该将各个部分的联系以简明的图表体现出来，一方面可以使广告策划文本显得正式、规范，另一方面也可以使阅读者能够根据目录方便地找到想要阅读的内容。

附录：调查报告和与广告策划有关的一些公司资料。一般放在最后。

二、广告策划书的正文

正文内容是广告策划书最核心的部分。这里从 14 个方面给大家介绍，以供参考。

1. 市场分析

市场分析包括国家经济形势与经济策略分析、市场文化分析（如法规文化、社会习俗、消费文化、文明程度等）、整体市场消费状况分析、市场细分消费状况分析、公众消费的变化趋势、市场商品格局状况等。

2. 产品分析

产品分析包括产品个性特征分析（如性能、质量、价格、原料、工艺、包装、外观等）、产品定位分析、服务项目分析、产品周期分析、品牌形象分析等。

3. 竞争对手分析

竞争对手分析包括同类产品同类人群的竞争对手、竞争对手产品功能、竞争对手产品的价格、竞争对手产品的质量、竞争对手产品的购买方便性、竞争对手产品的顾客满意度、竞争对手企业知名度、竞争对手品牌信誉度、竞争对手的销售策略有效性（如赊销和折扣）、竞争对手的售后服务、竞争对手的销售额、竞争对手的优势、竞争对手的劣势、竞争对手的广告策略分析等。

4. 目标消费群选择

目标消费群选择包括消费人群标签、消费人群基本状况（性别、年龄、地域、教育水平、职业、收入状况、婚姻状况）、消费人群喜好（兴趣爱好、购物喜好、价值观）、消费人群使用场景、消费人群市场规模和消费人群消费频次等。

5. 消费者心理和行为分析

广告的作用是帮助企业进行产品宣传，从而引导消费者消费。广告市场的发展需要不断分析消费者的心理和行为，从而获得广告的成功。这不仅可以为广告设计提供指导，而且可以为广告的成功提供保障。

消费者心理和行为分析包括消费者的构成分析、消费能力分析、消费行为分析、消费时尚分析、消费态势走向分析、消费动机分析、马斯洛需求层次理论分析（生理需要、安全需要、社会需要、尊重需要、自我实现需要）、消费者的关心点分析等。

6. 分析结论

分析结论立足于广告策划需要，表述分析、研究结论，尤其是经营情况、企业与产品形象的分析和结论，市场环境与市场要求分析和结论，消费者意识、经济条件与需求分析结论，企业在开发设计、生产管理、市场营销等方面存在的问题，消费者为宣传活动所提供的机会点，企业优势为广告宣传所提供的支持点等。在写作过程中，这部分应条理化、写实化，注重运用调查数据资料做阐述、分析结论。

7. 产品的卖点

产品的卖点，即列出产品的所有特征、产品的独特性、消费者的关心点、卖点的支持点等。

8. 广告定位策略

广告定位策略，即企业形象和品牌形象的定位、产品定位（功效定位、市场定位、价值主张定位）、广告定位等。

9. 确定广告主题

确定广告主题包括广告传播目标（广告总目标、阶段目标、具体宣传目标）、广告主题、广告语等。

10. 广告创意表现说明

广告创意表现说明包括广告创作思路意图、介绍广告宣传的意境设想、广告宣传的诉求符号、诉求信息、诉求方式、诉求风格、创意的独特之处、广告的主题表述、文案表述（平面广告作品文案、电视广告分镜头脚本）、各种广告媒介的表现(示意图景、格式化样本)、媒介规格,以及制作要求等。在写作中,这一部分应力求翔实具体、清晰明确,以写实化的手法描述广告宣传作品的式样,给人以真实感。

11. 广告宣传文案

广告宣传文案介绍系列化广告宣传的主题、标题、副标题、标语、口号,广告正文以及创作思路意图。

12. 广告媒体策略

广告媒体策略主要介绍广告媒体的分配规划(包括媒体分配、地理分配、时间分配、内容分配四方面的内容)、组合方式,以及媒介单位、选用理由、选用方式、选用次数和日期、持续时间、媒介启用时的注意事项等。

根据广告的目标与对象,选择效果最佳的媒介来到达广告对象,包括:①媒介的选择与组合:以哪种媒介为主,哪些媒介为辅;②媒介使用的地区:配合产品的营销需要进行,分重点与非重点地区;③媒介的频率:在一年中可分为重点期和保持期,每种媒介每周或每月使用的次数安排;④媒介的位置、版面电台、电视台选择哪一种传播时机最好,报刊选择什么日期、版面等;⑤媒介预算分配:对组合媒介所需的费用进行预算。

13. 广告工作计划

广告工作计划介绍进行广告调查、创意、策划、设计、制作和实施的时间安排。

14. 经费预算与分配

"广告项目预算书"需要把年度内的所有广告费用列入,包括:①调研、策划费;②广告制作费;③媒介使用费;④促销费、管理费;⑤机动费等。

大广赛项目

书写 JUNPING（俊平）洁面慕斯的广告策划书

以大广赛项目"JUNPING（俊平）洁面慕斯"作为示范的实操案例，这里只展示正文内容，封面、前言、目录和附录省略。

JUNPING（俊平）洁面慕斯的广告策划书

一、项目介绍

JUNPING（俊平）洁面慕斯是杭州耕香生物科技有限公司生产的，品牌名为JUNPING（俊平）。公司现在推出的五款中国香气洁面产品，分别是闽南红茶香、中原牡丹香、青藏雪莲香、滇南树莓香、江南桂花香。其中，闽南红茶香主打维稳修复改善皮肤屏障功效，中原牡丹香主打消肿紧致解决皮肤炎症功效，青藏雪莲香主打保湿补水保持肌肤水润功效，滇南树莓香主打抵抗初老解决干纹、细纹功效，江南桂花香主打提亮淡斑保持肌肤透彻功效。

公司准备花500万元给这些洗面产品打广告，因此需要进行广告策划。

根据项目组分析：500万元分给五款产品打广告，效果甚微。这就好比送女孩玫瑰花，每天送1朵和一次送9999朵，哪个更能打动女孩，更吸引人？答案肯定是一次送9999朵玫瑰。因此，我们需要把所有资金集中起来为一个产品打广告，这样更容易运作。等把一个产品运作起来，其他产品跟着这个产品销售，就会顺利很多。

项目组对产品目标消费群体[JUNPING（俊平）洁面慕斯把17~35岁的学生和上班族当作产品的目标消费群]进行调查。在参与调查的169份有效问卷中，有128位（75.74%）受调查者选择了青藏雪莲香这款产品。因为雪莲相对于其他植物来说，更珍贵、更稀有，并且雪莲这两个关键字在消费者的印象中，本身就具有补水的功效。大家还可以联想到"高原雪山、圣洁纯净"，也就是说用青藏雪莲香能够从多方面提升消费者的期待值。因此,项目组最终以青藏雪莲香洁面产品作为 JUNPING(俊平)洁面的主推产品,也作为本书广告策划项目实操的示范案例。

二、市场分析

根据《女性生活蓝皮书》统计,中国女性平均每年花在皮肤护理上的费用为 3500 元,一线城市更高,人均约 1 万元。2021 年,我国的日化洗护用品市场规模达到 1269 亿元,其中洁面市场规模达到 185.9 亿元。

洁面产品的品牌有很多,如妮维雅、多芬、曼秀雷敦、珂润等,这些产品在成分上主打氨基酸。因为氨基酸不但控油去污,而且不伤害皮肤,深受消费者喜爱。随着社会的发展和人们对健康的重视,植物性洁面产品越来越受消费者的青睐。这就是百雀羚、佰草集、相宜本草等国产化妆品品牌崛起的原因。因为化工产品对人体有伤害,所以,俊平洁面慕斯为了迎合消费潮流,主打植物性洁面产品。

既然主打植物性洁面产品,就需要分析市面上的同类产品。

佰草集、相宜本草这两个品牌主打成分包含 100 种中药材;百雀羚主打成分包含红景天、益母草、忍冬花三种植物;索芙特主打成分包含木瓜;菠丹妮主打成分包含草莓;韩后茶蕊主打成分包含茶蕊;宝拉珍主打成分包含绿茶叶等;俊平洁面慕斯成分包含的雪莲相对于其他植物来说,被称为"百草之王""药中极品",更珍贵、更稀有,并且"雪莲"可以让大家联想到"高原雪山、圣洁纯净"。因此,产品成分主打植物"雪莲"能够从多方面提升消费者的期待值。

我们再从植物性洁面产品的功效方面看,市场上洁面产品可以细分为保湿补水、控油、抗皱、祛痘、美白等,见表 12-1。

从表 12-1 中可以看出,这几种美白、抗皱等功能性洁面产品竞争异常激烈,其中不乏一些大品牌产品。JUNPING(俊平)洁面慕斯作为新进入的产品,再主打这些功能,不容易打开市场。

表 12-1 洁面产品功能市场细分表

保湿补水	控油	抗皱	祛痘	美白
相宜本草百合保湿 佰草集肌本清源 艾丽嘉妍瓷肌焕采 宝拉珍选抗皱保湿双效 雅诗兰黛白金级 旁氏的柔珠 丹芭碧绿茶 至本特安修护 珂润润浸保湿 安妍科氨基酸泡沫 芙丽芳丝 ……	妮维雅云柔盈泡 曼秀雷敦氨基酸 百雀羚 露得清深层控油 史奴比控油 ……	悦木之源榆绿木 艾丽嘉妍瓷肌焕采 宝拉珍选抗皱保湿双效 好面霜 奥蜜思芯悠 SK-Ⅱ全效活肤 ……	曼秀雷敦氨基酸 珊拉娜除痘防疤 相宜本草控油消痘 皙肤泉祛痘 老中医祛痘 满婷祛痘 ……	韩后茶蕊美白 索芙特木瓜白肤 妮维雅美白 丹芭碧荷花清透花蜜净白 ……

三、产品分析

分析 JUNPING（俊平）洁面慕斯的三层次

核心产品：温和地清洁脸部皮肤，不伤皮肤。

有形产品：发泡型活性剂舒缓脸部疲劳，吹塑泡沫瓶、带喷枪，按压轻松起泡。

附加产品：消费者可以利用俊平肤质检测小程序自行检测皮肤。

JUNPING（俊平）抗疲劳雪莲补水洁面慕斯富含雪莲成分，雪莲被称为"百草之王""药中极品"，用它制作的洁面慕斯有以下功效：

（1）雪莲富含蛋白质和氨基酸，能够调节人体的酸碱平衡，起到缓解肌肤疲劳，使皮肤保持光泽的作用。

（2）雪莲中的多种氨基酸，清洁力强大，淡妆防晒轻松洗。

（3）雪莲中含有多种保湿因子，对皮肤具有补水保湿功效，能使皮肤保持健康状态。

（4）雪莲含有维生素 C，可以加速皮肤新陈代谢、除火祛斑、减少皱纹，使皮肤保持光泽。

（5）雪莲可有效地保护皮肤免受紫外线侵害，具有防晒净白功效。

（6）雪莲能抑制皮肤真菌，具有抗炎和组织修复的功效。

（7）天然的雪莲清香，能令人身心愉悦。

（8）全天然植物安全配方，坚持零添加，孕婴可用，痘肌无忧，敏皮安心。

（9）按压式的泵压包装，轻松按压起泡，云朵状泡沫，一冲即净，非常方便。

……

四、竞争对手分析

JUNPING（俊平）洁面慕斯竞争对手对比分析见表12-2。JUNPING（俊平）洁面慕斯SWOT分析，见表12-3。JUNPING（俊平）洁面慕斯2W分析见表12-4。

表12-2 JUNPING（俊平）洁面慕斯竞争对手对比分析

项目	JUNPING（俊平）洁面慕斯	妮维雅云柔盈泡氨基酸洁面产品	珂润（Curel）润浸保湿洁颜泡沫
产品功能	（1）深层清洁 （2）雪莲补水保湿 （3）抗疲劳，使皮肤保持光泽 （4）全天然植物安全配方，不伤皮肤	（1）深层清洁 （2）玻尿酸水润保湿补水 （3）氨基酸温和洁面，质地舒缓	（1）深层清洁 （2）补水，保湿 （3）清洁肤感舒缓不紧绷
产品价格（元）	50～100	50～100	80～200
性能参数	150	150	150
产品档次	中档	中档	中高档
购买方便性	无	商场专柜，家乐福、沃尔玛超市，京东、淘宝、天猫、拼多多等网店	商场专柜、屈臣氏连锁店、京东、淘宝、天猫、拼多多等网店
顾客满意度	无	在京东平台商品评价超过95%	在京东平台商品评价超过95%
服务水平	—	—	—

(续)

项目	JUNPING（俊平）洁面慕斯	妮维雅云柔盈泡氨基酸洁面产品	珂润（Curel）润浸保湿洁颜泡沫
企业知名度	无	知名度高	知名度高（明星代言）
品牌信誉度	无	品牌信誉高	品牌信誉高
地理位置的优越性	—	—	—
特别的销售策略的有效性（如赊销和折扣）	—	—	—
售后服务	—	—	—
设备	—	—	—
销售额	0	—	年销售额2.52亿元
产品优势	（1）雪莲补水保湿 （2）抗疲劳，使皮肤保持光泽 （3）全天然植物安全配方，不伤皮肤	（1）玻尿酸有效改皱纹 （2）携水量大，达到补水嫩肤的效果	（1）弱酸性 （2）无香料，无酒精，无色素 （3）有效对抗肌肤粗糙
品牌优势	中国品牌	德国品牌	日本花王旗下品牌
价格优势	—	—	—
附加价值优势	—	—	—

表12-3 JUNPING（俊平）洁面慕斯 SWOT 分析

SWOT	分析
S 优势	（1）采用全天然植物配方，不伤皮肤 （2）产品成分中的雪莲具有补水保湿功效。雪莲是"百草之王""药中极品"，特别珍贵 （3）抗疲劳，使皮肤保持光泽 （4）俊平的创始人方俊平作为美妆护肤领域的头部 KOL（Key Opinion Leader，关键意见领袖）
W 劣势	（1）品牌知名度低，没有明星代言 （2）缺乏一套完整的体系 （3）缺少购买渠道，便利性差

(续)

SWOT	分析
O 机会	（1）进口品牌的洁面产品是根据欧美人和日本人的皮肤特点制作的化妆品 （2）俊平是根据中国人的皮肤特点制作的洁面产品，换句话说俊平的洁面产品更适合中国人的肤质 （3）在国产品牌逐渐崛起的大环境下，是产品推广的机会
T 威胁	花王旗下的珂润润浸保湿洁颜泡沫用明星代言，流量大，更容易吸引消费者购买。

表 12-4　JUNPING（俊平）洁面慕斯 2W 分析

2W	JUNPING（俊平）洁面慕斯	妮维雅云柔盈泡氨基酸洁面产品	珂润（Curel）润漫保湿洁颜泡沫
做得好的是什么？	全天然植物制作，不伤皮肤，用珍贵的雪莲来补水和抗疲劳	玻尿酸有效改善皱纹；携水量大，达到补水嫩肤的效果；知名度高	产品无香料，无酒精、无色素、有效对抗肌肤粗糙；知名度高、明星代言
做得不好的是什么？	中国消费者更倾向使用进口货	产品不属于全天然植物产品，并且是根据欧美人的肤质特点开发的产品	产品不属于全天然植物产品，并且是根据日本人的肤质特点开发的产品

得出结论和应对措施：

1）JUNPING（俊平）洁面慕斯使用全天然植物配方，不伤皮肤，用珍贵的雪莲来补水和抗疲劳，能使皮肤保持光泽，这是产品的优势。

2）对于化妆品来说，消费者更相信进口品牌，但进口的洁面产品更适合欧美人的肤质，而俊平洁面慕斯是根据中国人肤质特点制作的，更适合中国人使用的洁面产品。

因此，产品在宣传上要从以上两个方面来考虑。

五、目标受众选择

雪莲补水洁面产品的目标受众是哪些人？换句话说，什么样的人喜欢用洁面产品？用洁面产品最多的人群是哪些，见表 12-5。

表12-5　JUNPING（俊平）洁面慕斯目标受众心理和行为标签

类型及关系	人群特征	参考选项
人群标签	女，17~35岁的青年人，学生（高中生和大学生）、上班族（办公室白领，年龄22~35岁，月收入6000元左右，工作压力大）	性别、年龄、地域、受教育程度、职业、收入情况、婚姻状况
人群喜好	注重自己的外貌，关注自己的皮肤。大学生和办公室白领喜欢上网聊天交友、刷抖音、看电影、看时尚杂志、喜欢发朋友圈，热衷于网购。看到别人买，也加入购买，有从众心理	兴趣爱好、购物喜好、价值观
待满足需求	洁面产品不但能满足清洁、营养、保护皮肤这些需求，还能缓解皮肤疲劳，使皮肤光彩照人，更容易获得人们的关注，更容易与人交往	商品或品牌能够满足人群的哪些需求
使用场景，使用时间	早上上学、上班前，用产品清洁脸部；晚上睡觉前，用产品清洁脸部；中午累了，用产品清洁脸部，并缓解脸部疲劳。喜欢在背包里放洁面的东西，会重复购买	用户使用场景，在什么时候使用和购买该类产品，使用频率

最后发现17~35岁女性是洁面产品的最大受众人群。

雪莲补水洁面产品与竞争对手最大的差别就是缓解脸部疲劳。

什么人需要抗疲劳？肯定是上班族和学生，他们自由支配的时间少，耗费脑力多，需要抗疲劳产品来缓解压力。因此，雪莲补水洁面产品目标受众为17~35岁的青年人（偏女性），上班族、学生。

六、目标受众心理和行为分析

目标受众用洁面产品的行为：早上上学、上班前用产品清洁脸部，晚上睡觉前用产品清洁脸部，中午累了，用产品清洁脸部，并缓解脸部疲劳；喜欢在背包里放洁面产品，会重复购买。

社交需要：爱美是人的天性，但随着生活节奏变快，面对社会上的各种压力和困扰，人们的皮肤就会变干，就会显得憔悴。人们需要经常参加一些社交活动，需要给客户良好的印象，需要充满激情的工作态度。因此，这时人们需要提高自己的交际形象。俊平洁面慕斯能缓解面部疲劳，使皮肤光彩照人，提高气质。

安全需要：随着社会经济的发展，人们的生活水平越来越高，在满足了生存需要后，对洁面产品、化妆品和食品等产品的安全性越来越重视。人们都希望使用的洁面产品不会对肌肤产生副作用。纯植物性洁面产品以其不添加任何有害化学成分而赢得广大消费者的信赖和支持。俊平雪莲洁面产品就是纯植物性洁面产品，满足了人们对安全的心理需要。

七、产品的卖点

寻找JUNPING（俊平）雪莲补水洁面产品的卖点。首先把前面分析出来的JUNPING（俊平）洁面慕斯的所有功效再做一个分析：

（2）清洁、（3）保湿、（9）按压式的泵压包装，这三点是洁面产品的标配。

（4）、（5）美白和祛皱功效，行业内美白有韩后茶蕊、索芙特木瓜、妮维雅等；祛皱有悦木之源、艾丽嘉妍瓷肌焕采、宝拉珍选抗皱，还有有名的SK－Ⅱ全效活肤等，JUNPING（俊平）洁面慕斯没有优势。

（8）全天然植物安全配方，佰草集和相宜草本等都是天然植物配方，针对这些品牌，JUNPING（俊平）洁面慕斯更没有优势。

（6）治疗皮肤真菌功效。我们的产品是洗面奶，一洗就冲掉了，治疗疾病效果甚微。

（7）天然的雪莲清香，能令人身心愉悦，其他香料都可以让人身心愉悦，没有特色。

最后我们发现只有第（1）点，没有竞争对手，并且最吸引人。因此，我们把（1）作为产品的卖点。再加上为了体现产品的特色，我们把卖点提炼成：抗疲劳雪莲补水。

八、广告定位

1. JUNPING（俊平）洁面慕斯定位

JUNPING（俊平）洁面慕斯是一款适合年轻女性用的抗疲劳雪莲补水洁面产品。

（1）功效定位：抗疲劳雪莲补水洁面产品。根据前面的分析，我们把JUNPING（俊平）洁面慕斯功效定位为抗疲劳雪莲补水洁面产品。我们采用创造第一的细分品类来定位，用雪莲补水洁面产品我们是第一个，主打抗疲劳也是第一个。

（2）市场定位：17~35岁的青年女性消费群（以学生和上班族为主）。根据目标受众，我们选择17~35岁的青年人群（偏女性）为目标消费者。这也意味着22~35岁的上班族和17~22岁的学生是我们的主要顾客。JUNPING（俊平）洁面慕斯的定位见表12-6。

表12-6 JUNPING（俊平）洁面慕斯的定位

JUNPING（俊平）洁面慕斯	描述	产品定位
功效定位	抗疲劳雪莲补水洁面慕斯	一款适合年轻女性用的抗疲劳雪莲补水洁面慕斯
市场定位	17~35岁的青年消费群体（以学生和上班族为主）	
广告定位	JUNPING（俊平）抗疲劳补水洁面慕斯更适合中国人的肤质	

2. 广告文案

抗疲劳全天然植物雪莲补水洁面产品；JUNPING（俊平）洁面慕斯更适合中国人肤质。

九、确定广告主题和广告语

JUNPING（俊平）洁面慕斯是一款新产品，作为新产品上市，肯定要给消费者找一个选择的理由。JUNPING（俊平）洁面慕斯最大的特点：能满足消费者补水和抗疲劳的需要。因此，这时候JUNPING（俊平）洁面慕斯的广告传播目标是：说服性的广告目标，给消费者一个购买的理由。

广告主题：洗净脸部疲劳，焕发青春光彩。

我们根据产品的卖点定位，以及广告主题，创作一句能让人很快记住，并且容易传播的广告语。

广告语：洗净脸部疲劳，俊平清润雪莲。

十、广告创意表现方案

1. 平面广告创意

"雪莲"这两个关键字可以让消费者联想到"青藏高原雪山、圣洁纯净""雪莲稀有"等,因此平面广告创意会采用雪莲花、高原雪山、藏文字元素,并且广告画面要有JUNPING(俊平)品牌标志,还必须有"抗疲劳全天然植物雪莲来补水洁面慕斯"和"JUNPING(俊平)洁面慕斯更适合中国人肤质"这两句话。这就是平面广告的草图方案,后期会有专业的摄影师和平面设计制图师来设计制作。

2. 视频广告创意:"舒缓雪莲篇"

视频广告创意同样结合了雪莲生长纯净环境来表现产品卖点,并结合目标消费者群体的肌肤问题,还原了产品的使用场景,体现产品的功效。表12-7为舒缓雪莲脚本。

表12-7 舒缓雪莲脚本

镜头号	景别	时长	画面内容	台词	配乐
镜头一	近景+特写	3s	阳光投射进办公窗,职员小丽正对着电脑做策划书,面露倦色	无	空调的微风声
镜头二	特写	4s	小丽面前的电脑屏幕还在亮着,桌面上有打开的策划方案,微信对话框显示"黄部长:这次策划提案的竞争激烈,你的方案不错,下午路演要好好表现啊!加油!小丽:谢谢部长信任!我不会辜负部长厚爱!"	无	空调的微风声
镜头三	近景	2s	闹钟声响起,中午12点钟,小丽挣扎起身关掉闹钟,一路小跑到洗手间	无	(1)手机闹钟声 (2)小跑音效
镜头四	近景+特写	2s	(卫生间内)小丽透过镜子,看到镜中的自己倦容满面,两眼乌青。 小丽摸摸灰暗的脸,面带愁容	小丽:下午怎么见人呢?	小丽叹气声
镜头五	近景+特写	8s	此时,室友小俊出现在小丽的身后,拍了拍她的肩膀,从背包中拿出一瓶洁面产品	小俊:俊平洁面产品,可以洗去脸部疲劳,利用雪莲补充水分,焕发脸部青春光彩。	(1)产品出现时增加"出现"音效 (2)瓶身闪光增加"闪耀"音效

（续）

镜头号	景别	时长	画面内容	台词	配乐
镜头六	近景+特写	10s	（1）小丽沮丧地说： （2）小俊拿着俊平洁面慕斯回答：	小丽：我皮肤敏感，以前用的很多产品都过敏、伤皮肤，这能行吗？ 小俊：俊平洁面产品是根据中国人肤质研制而成的，采用纯天然植物雪莲精粹，安全不伤皮肤	无
镜头七	近景+特写	1s	小丽接过洁面产品，镜头特写俊平抗疲劳雪莲补水洁面慕斯瓶身，瓶身闪过一道光	无	无
镜头八	近景+中景	3s	小丽按压泵头，挤出产品，嗅到微微的清雅幽香，突然感觉自己置身于纯净的雪域高原，小丽用洁面产品按摩脸颊，感觉自己与这纯净的雪域、蔚蓝高远的天空融为一体（画面：小丽手捧洁面泡沫，环顾四周，周围竟是一片雪水融化后变成潺潺溪水从山顶流下，山间溪旁开满了雪莲花的雪域高原的纯洁景象）	字幕+旁白：雪莲芬芳，由面及心，浸润骨髓	欢快音乐
镜头九	特写+中景	4s	小丽抬起头，皮肤变得洁净细腻，水润透亮，倦怠疲劳之色一扫而光，感觉自己似乎能腾空而起，俯瞰这纯洁无瑕、雪莲怒放的美景	字幕+旁白：雪莲精粹，源自自然，抗疲劳补水，焕发青春光彩	欢快音乐
镜头十	中景+特写	5s	（1）会议室里，小丽进行路演展示，发言完毕，台下响起热烈掌声。小丽向众人点头致谢，笑意盈盈 （2）画面逐渐虚化为背景，广告语出现于画面中间，俊平抗疲劳雪莲补水洁面慕斯出现在广告语上面	广告语"洗净脸部疲劳，俊平清润雪莲。"	（1）热烈掌声 （2）欢快音乐

3. 线下广告创意活动：

"雪域寻莲，拥抱自然"夏令营体验活动。

由《中国国家地理》和JUNPING（俊平）联合举办，通过报名的方式在全国各地招募大学生进行"雪域寻莲，拥抱自然"的夏令营活动，并且现场实时直播。活动内容：①由专业团队带领大学生参观用雪莲等材料生产洁面产品的杭州生产工厂；②由专业团队带领大学生踏上一场为期六天的雪域寻莲之旅活动（开着大巴车，载着几十位大学生到青藏高原上寻找野生雪莲，了解雪莲的生长地青藏高原，探访青藏民俗人文景观，赏青藏自然美景，亲身体验雪莲的珍贵）。

十一、广告媒体策略

1. 媒介分析和选择

我们先分析目标受众大学生的生活空间：大学生的大部分时间在校园里，校园里的寝室、教学楼、食堂、操场，这四个地方是他们的接触点。

因此，针对武汉市场，"'洁'出青春"大学生校园广告活动，我们重点做大学校园的宣传栏、寝室楼门口和食堂的平面广告。武汉有83所大学，把平面广告放置在各大高校的宣传栏、寝室楼门口和食堂。

白领的生活空间：小区、写字楼、超市，因此在武汉大的写字楼里挂电梯楼宇视频广告。

我们再从大学生和办公室白领获得资讯的模式来分析：大学生和白领喜欢上网聊天交友、刷抖音、看电影、看时尚杂志、发朋友圈、热衷于网购。

根据这些特点，我们选取以白领和大学生粉丝为主的美妆护肤微博，以及娱乐搞笑类微博作为JUNPING（俊平）洁面慕斯的推广媒体。

通过在微博和抖音等平台发布话题互动活动，开设官方抖音视频宣传账号。在扩大品牌宣传范围之余，既能寻找潜在消费者，间接壮大消费群体，又能拓宽品牌与产品的受众面，让更多消费者以更多样化的形式，不枯燥不呆板地认识和了解品牌及宣传的理念，让品牌及产品得到消费者的认可。

2. 媒介排期

JUNPING（俊平）洁面慕斯媒介排期见表12-8。

表 12-8 JUNPING（俊平）洁面慕斯媒介排期

时间	内容
第一阶段 （6月—8月底）	（1）在微博开展#洗净疲劳肌#话题讨论互动抽奖活动，在微博平台进行相关话题有关的热搜与广告的投放和购买（6月6日—7月6日） （2）开设JUNPING（俊平）抗疲劳雪莲补水洁面慕斯官方抖音视频账号，进行栏目视频更新（6月起）
第二阶段 （7月—9月）	（1）关键意见领袖在微博、微信公众号、哔哩哔哩、小红书进行文字或视频式产品宣传（7月—9月） （2）在各大线上网页、视频网站和社交媒体平台与线下实体广告投放视频广告和平面广告（7月—8月） （3）JUNPING（俊平）抗疲劳雪莲补水洁面慕斯 X 博物杂志之科普文章发表（8月） 《中国国家地理》和JUNPING（俊平）抗疲劳雪莲补水洁面慕斯"雪域寻莲，拥抱自然"夏令营体验活动（8月7日—8月14日）
第三阶段 （9月—11月中旬）	（1）线下开展雪莲"'洁'出青春有你在"的校园活动，并在微博、抖音、哔哩哔哩、小红书等网络社交媒体平台投放相关活动预热广告，于校内开展实体广告宣传（9月—11月中旬） （2）在各大线上视频网站与社交媒体平台投放视频广告（9月—10月） （3）JUNPING（俊平）抗疲劳雪莲补水洁面慕斯 X 博物小馆联名周边产品发售活动（9月—11月中旬）
第四阶段 （11月—12月）	（1）"双十一"购物节将产品上架大主播直播间开展电商直播带货活动（11月1日—11月11日） （2）JUNPING（俊平）抗疲劳雪莲补水洁面产品 X 博物小馆联名周边产品"双十一"淘宝公益义卖直播活动（11月1日—11月11日） （3）"双十二"购物节于JUNPING（俊平）淘宝官方旗舰店开展电商直播带货活动（12月1日—12月12日）
后续预备活动 （次年1月—8月）	JUNPING（俊平）抗疲劳雪莲补水洁面慕斯 X 博物小馆公益帮扶直播互动

附录：洁面产品的消费心理与行为调查问卷

经典案例赏析

雅客 V9 维生素糖果广告策划

福建雅客食品有限公司创办于 1993 年 10 月，现在是中国最大的糖果、巧克力专业厂商之一。公司以"雅客"为核心品牌，旗下拥有雅客 V9、雅客 DIDADI 奶糖、雅客益牙木糖醇、雅客香草润喉糖等众多分品牌，专注于糖果、巧克力、果冻、蜜饯、闲点、小食品的研发、生产与销售。

世纪之初，糖果行业正值复兴期，国内市场阿尔卑斯、绿箭、大白兔、徐福记等几大品牌占据垄断地位，外资品牌占绝对资源优势。当时的雅客拥有几十个品牌，品种更是高达 800 个，十分庞杂，其品牌记忆度极低，消费者对其喜欢程度并不高，外加其销售地域局限在福建部分地区，处境艰难。于是公司请广告策划公司为其产品进行广告策划。

一、市场环境分析

2001 年糖果年产量 85 万吨，销售收入 135 亿元。市场上的糖果很多，竞争激烈，按糖的性能可以分为口香糖、橡皮糖、奶糖、巧克力、木糖醇、润喉糖、水果糖、薄荷糖、酥糖、泡泡糖……这些糖果都有自己的领导品牌。口香糖的领导品牌是"绿箭"；橡皮糖的领导品牌是"旺仔"，奶糖的领导品牌是"阿尔卑斯和大白兔"；巧克力的领导品牌是"德芙和金帝"；木糖醇的领导品牌是"益达和乐天"；润喉糖的领导品牌是"金嗓子"；薄荷糖的领导品牌是荷氏；酥糖的领导品牌是"徐福记"；泡泡糖的领导品牌是"大大"。公司再做这些市场，很难有发展，毕竟有了大竞争对手，并且人们已经习惯首选这些领导品牌。在此情况下，寻找市场空白点便成为雅客的当务之急。

二、消费者分析

2003 年"非典"结束后，人们形成了"补充维生素，提高免疫力"的观念。市场对维生素产品的需求空前高涨，很多维生素产品热销甚至脱销。市场上 60.4% 的消费者认为需要补充维生素，80.4% 的消费者有意识地采取过补充维生素的行为。根据消费者需求，策划公司给糖果市场细分出维生素糖果这个品类，并且大量的市场调查数据表明：希望通过吃糖果补充维生素的人居然达到了48.1%，仅次于采用吃水果和蔬菜的方式，比希望采用吃维生素保健品的高出20%多。调研结果显示，91.8%的消费者表示愿意尝试维生素糖果。根据调查出的数据结论分析，策划公司提出了雅客的目标市场是做维生素糖果的领袖品牌。

三、产品分析

雅客拥有800多种糖果，根据市场分析和消费者心理分析，最后策划公司选中了雅客滋宝这个产品。因为雅客滋宝含有九种维生素，每天两粒就可以补充人体一天所需要的维生素。这个维生素糖果在当时还是市场空白。

雅客滋宝糖果的九种维生素分别为：维生素B1、维生素B2、维生素B12、烟酰胺、叶酸、泛酸钙、维生素B6、维生素E和维生素C。

根据分析，雅客滋宝维生素糖果的产品功效如下：

(1) 口感好，可促进食欲。

(2) 补充维生素C。提高人体的免疫力，减少感冒等疾病的发生。

(3) 补充维生素E。延缓细胞衰老，防止皮肤粗糙，让皮肤更加细嫩柔和。

(4) 补充维生素B2。缓解眼部疲劳，提高视力。

(5) 补充叶酸。具有提神醒脑功效。

(6) 补充维生素B1。消除疲劳，改善精神状况。

(7) 补充九种维生素。促进身体营养均衡，提高免疫力，增强体内正常代谢。

……

四、产品定位

策划公司将雅客滋宝产品定位为维生素糖果，把糖果与维生素融合，将糖果功能化。这等于在维生素与糖果之间创造了另一个市场空间。

根据糖果的主要目标消费人群：办公人员（偏女性）、学生和儿童等，策划公司将产品的消费人群选择为青年人群（偏女性）、大学生、办公人群三大类。再根据学生族和上班族耗费脑力多，自由支配时间少，营销膳食难以均衡的特点，推出雅客滋宝维生素糖果。

因此，策划公司将雅客滋宝产品功能定位为：补充日常所需的九种维生素，营销均衡，使身体更强健。

五、雅客滋宝改名为雅客V9

雅客滋宝功能定位：补充日常所需的九种维生素，营销均衡，使身体更强健。其卖点是补充身体所需的九种维生素，营销均衡。为了突出卖点，跟维生素产生贴近的联想，策划公司将雅客滋宝改名为"雅客V9"。因为维生素公认的代表符号是V，V9＝九种维生素，这样的命名能跟维生素产生贴近的联想，从名称开始占位。这样既区别了维生素糖果品类，又符合了消费者的固有认知，并且围绕产品的卖点，策划公司给雅客V9创作了一句广告语：一天吃两粒，可以补充人体一天所需的九种维生素。

六、广告主题

雅客食品是一家创新的食品企业。雅客是中国第一个投巨资建立权威的甜品实验室，第一个开发出夹心太妃糖，第一块伯尔涂层巧克力，第一个成为获得中国消费者协会"3·15标志产品"认证的糖果企业，是中国糖果界的第一个中国奥委会赞助商……这些代表着雅客的创新精神。

2001年北京申奥成功，引发了人们的运动热潮，雅客公司也成为中国糖果界第一家赞助奥运的食品企业，这体现雅客V9的运动精神，维生素代表着健康要素。因此，雅客V9的广告主题围绕"创新运动，健康维生素"展开，创新＋运动＋健康＝雅客V9，打造雅客V9是一种具有创新精神、充满运动活力，为身体补充维生素的健康糖果。

七、"创新＋运动＋健康"视觉化

为了快速抢占品类名称和视觉相统一，雅客不但把雅客滋宝改名为雅客V9，而且还抢占平面视觉形象，在包装和广告上将维生素"视觉化""符号化"。策划公司专为雅客V9设计了飘舞的V和9色彩虹带构成的9的视觉组合图形，整个元素充满青春活力，仿佛维生素带来的新鲜动力源源不断地注入生命体。为了体现雅客V9的运动精神，策划公司设计了水果与球类融合的主视觉元素，比如橙子篮球、柠檬橄榄球、橙子足球、橙子垒球、橙子排球等，并且围绕着水果球设计了飘着的火焰。这些体现了雅客V9源源不断的创新精神和顽强的生命力。

八、电视广告创意

为了打造雅客V9"创新+运动+健康"糖果的形象，策划公司找到健康活力的明星作为雅客V9的代言人。电视广告创意内容是这样的：灿烂的阳光中，女孩奔跑在都市的大街小巷，而后各个街道追随者越来越多，形成一道奔跑的奇观，而这一切由雅客V9引发。随后女孩举起雅客V9维生素糖果说："想吃维生素糖果的，就快跟上吧！"画面中一个雅客V9包装呈现，画外音"雅客"。

广告画面中女孩穿着黄色T恤奔跑着，让人联想到维生素糖果的广告主题"运动活力的健康维生素糖果"，用基本利益点两粒雅客V9，补充每日所需九种维生素来吸引众多消费者消费。

糖果是个大众产品，雅客V9集中在中央电视台和省级卫视的几个时段投放。由于雅客V9目标受众主要是办公人员（偏女性）、学生和儿童，因此雅客V9还在省会城市的车体、地铁、写字楼和高档时尚社区电梯投放了广告，提醒消费者雅客V9无所不在。经过几个月的广告轰炸和地上推广，雅客V9很快就占领了全国市场。

资源来源：改编自《叶茂中策划上卷·做》，叶茂中营销策划机构，机械工业出版社，2006。

课后实践任务

为项目撰写广告策划书

请给你的产品或者项目撰写一份完整的广告策划书。

要求：

(1) 3~5人一组，并结合小组的产品（项目）进行讨论。

(2) 每位同学都要积极参与讨论，发表自己的观点。

(3) 根据讨论的结果将电子文件或纸质文件上交老师。

(4) 每一组选派一人上台发言。

参考文献

[1] 叶茂中. 冲突[M]. 2版. 北京：机械工业出版社，2019.

[2] 里斯，特劳特. 定位[M]. 王恩冕，于少蔚，译. 北京：机械工业出版社，2021.

[3] 塞迪维，卡尔森. 如何成功引爆消费者的注意力：广告词的语言魅力[M]. 杨雷，译. 北京：电子工业出版社，2012.

[4] 舒腾杰，刘佳佳. 互联网市场营销实战手记[M]. 北京：北京大学出版社，2019.

[5] 伯杰. 传染：塑造消费、心智、决策的隐秘力量[M]. 李长龙，译. 北京：电子工业出版社，2017.

[6] 刘世忠，严燕萍. 广告创意实务[M]. 北京：首都经济贸易大学出版社，2016.

[7] 江南春. 抢占心智：产品与品牌快速崛起的引爆打法[M]. 北京：中信出版社，2018.

[8] 科特勒. 我的营销人生："现代营销学之父"菲利普·科特勒自述[M]. 陶鹏，译. 北京：中信出版社，2019.

[9] 刘世忠. 品牌策划实务[M]. 2版. 上海：复旦大学出版社，2012.

[10] 卢建彰. 10W+走心文案是怎样炼成的[M]. 北京：中国友谊出版公司，2017.

[11] 叶茂中. 营销机构，创意就是权力[M]. 北京：机械工业出版社，2003.

[12] 张惠辛，马中红. 广告策划创意[M]. 上海：上海画报出版社，2006.

[13] 邱小平. 广告策划实务[M]. 北京：机械工业出版社，2017.

[14] 刘世忠. 老板是怎样炼成的：广告与传播[M]. 西安：西安交通大学出版社，2009.

[15] 廖拥军，贺国强. 论头脑风暴在广告创意教学中的应用[J]. 湖南第一师范学报，2009(4)：72.

[16] 饶广祥. 论广告的伴随文本[J]. 贵州社会科学，2010(10)：75.

[17] 饶广祥. 公益广告的公与私：一个符号学的观点[J]. 重庆广播电视大学学报，2019(3)：5-6.

[18] 梁利华，王海鹰. 敢破敢立我为先[J]. 商品与质量，2007(16)：12-13.

[19] 郭韶华. 报纸广告高效投放实战技术[J]. 市场观察：广告主，2007(4)：46-47.

[20] 布利斯. 智力激励法：如何提出新设想[J]. 成功，2003(6)：45.

[21] 饶广祥. 追求动力：广告情节结构的符号叙述学研究[J]. 四川大学学报（哲学社会科学版），2013(3)：112.

[22] 刘世忠. 微课、慕课表现形式吸引力研究[J]. 传媒观察，2018(8)：68-69.

[23] 刘世忠. 广告创意的思路[J]. 西南农业大学学报（社会科学版），2008(2)：32-34.